Testigos

Padre Amorth - Padre Sznurkowski

María contra el mal

La mujer que nos ayuda en la lucha contra el diablo

La última entrevista al exorcista más famoso

SAN PABLO

5.ª edición

Título original: *Maryja i Szatan*
Traducción: Elena Greggio y José María Fernández

Distribución: SAN PABLO. División Comercial
Resina, 1. 28021 Madrid
Tel. 917 987 375 - Fax 915 052 050
E-mail: ventas@sanpablo.es
ISBN: 978-84-285-5322-3
Depósito legal: M. 13.847-2017
Impreso en Artes Gráficas Gar.Vi. 28970 Humanes (Madrid)
Printed in Spain. Impreso en España

La Virgen nos ama, a cada uno personalmente,
con el mismo cariño con el que amó a Jesús.
Y obedece, efectivamente, a las palabras de Jesús:
«Amaos, como yo os he amado», es decir, dando la vida
por vosotros. Y la Virgen está dispuesta a dar la vida
por cada uno de nosotros. Nos ama hasta el extremo.
Individualmente, personalmente. Nosotros, a veces pensamos
en la maternidad de toda la humanidad, de todo un pueblo.
Nos sentimos perdidos entre la muchedumbre.
El Señor no nos ve nunca como multitud.
Nos ve como personas, creadas a su imagen y semejanza.
Y así lo hace la Virgen. Mira a cada uno
de nosotros como a otro Jesús.
Es así como nos ama y asiste, a cada uno,
como si en el mundo solo estuviéramos nosotros.

P. Amorth

Prólogo

El P. Gabriel Amorth (1925-2016) ha sido el exorcista más famoso del mundo. Su notoriedad internacional viene sobre todo de sus libros, publicados en muchos idiomas, y de muchas entrevistas grabadas y luego difundidas por Internet. Como él mismo declaró, con todo esto no pretendía ser famoso, sino divulgar el conocimiento acerca de los exorcismos, o sea, de las oraciones que el sacerdote, autorizado por el obispo, pronuncia sobre todo frente a las personas poseídas o vejadas, para liberarlas de la influencia del diablo.

La entrevista se realizó entre el 11 y el 13 de mayo de 2016; fue, lamentablemente, la última escrita. Después de un tiempo ingresado en el hospital Gemelli de Roma, moría el 16 de septiembre de 2016, dejando un vacío y mucha tristeza en los corazones de hombres y mujeres de todo el mundo. Gracias a los medios de comunicación, la noticia de su muerte se difundió rápidamente. Puedo dar testimonio de parte de los polacos, a los cuales nos hicieron llegar la noticia de su muerte los medios de difusión nacionales y católicos. Yo estaba profundamente sorprendido por la espontánea reacción de las numerosas personas que, tras haberse enterado del fallecimiento, han lamentado su muerte y han rezado por el eterno descanso del P. Gabriel Amorth.

Luego me he preguntado: ¿por qué, tras la noticia de su muerte, el P. Amorth ha sido recordado con tanto afecto y sentimiento de tristeza por tantas personas que él no conocía? Es más, la mayoría de las personas que rezaron por él no lo han visto nunca, ni lo han conocido directamente. Alguien podría objetar que muchas de ellas leyeron sus libros.

Sin duda. Aun así, en la historia humana ha habido muchos famosos escritores y teólogos que, no obstante haber leído sus libros, incluso bonitos e interesantes, no han sido recordados después de su muerte con tanto sentimiento y pesar.

Pienso, pues, que el secreto de su notoriedad internacional y del afecto de la gente no reside en que haya escrito libros, sino en lo que era en realidad el P. Amorth para la gente en todo el mundo.

Por ejemplo, yo le conocí en persona y puedo decir que era ante todo un Sacerdote, con «ese mayúscula». Sacerdote de Cristo, consciente de su dignidad y responsabilidad frente a Dios y a las almas que confiaban en él. Creo que el amor a Dios y a las almas constituía el secreto de su actividad. Por esto las personas que necesitaban de un exorcismo llegaban a Roma procedentes de todo el mundo con la gran convicción de que les ayudaría o por lo menos les consolaría.

De hecho, en cuanto a su actividad sacerdotal, la actividad a la que se había dedicado con todas sus fuerzas era peculiar porque se refería a la acción extraordinaria del diablo. Esta acción extraordinaria del diablo afectaba a la vejación, la obsesión, la infestación y la posesión demoníacas.

El P. Amorth, en cuanto exorcista, trataba de ayudar sobre todo a las personas vejadas o poseídas. Hay que destacar también que muchas veces, para lograr la plena liberación de una persona vejada o poseída, el P. Amorth tenía que alargar los exorcismos durante meses o años.

Por esto solo Dios sabe a cuántas personas haya podido ayudar el P. Amorth durante sus treinta años de servicio como exorcista. Efectivamente todas esas victorias sobre el diablo las tuvo que pagar el P. Amorth en persona con el sufrimiento y con la humilde oración, especialmente rezando cotidianamente el Rosario. De hecho, el P. Amorth consideraba que rezar el Rosario era la oración más eficaz, después de la Santa Misa, en la lucha contra el diablo. Por esto, cuando oímos hablar de la devoción del P. Amorth a la Virgen, no nos debería extrañar. Él, desde niño, rezó a la Virgen, sobre todo desgranando junto a su familia la corona del santo Rosario. Él mismo contó en esta entrevista un episodio que le sucedió personalmente cuando, durante la guerra, mientras huía, le dispararon ciento veinte veces y él salió ileso porque, mientras escapaba, rogaba a la Virgen: «¡Madre querida, ahora sí veré tu fuerza, si me salvas!». Y cuando, en el día de su agonía, el superior general, P. Valdir de Castro SSP, que fue al hospital Gemelli de Roma para darle el último saludo, al final, mientras rezaba un Avemaría, los aparatos que le mantenían con vida al P. Amorth registraron una fuerte sacudida.

Por este motivo, en esta tercera entrevista, el P. Amorth aparece como mariólogo, mariólogo y exorcista. No todo el mundo sabe que antes de ser exorcista, el P. Amorth escribió varios libros sobre la Virgen María, en total seis. Y que durante muchos años fue director de una revista mariana editada por los paulinos de Roma, titulada Madre di Dio.

Las preguntas y respuestas constituyen una síntesis de su mariología. Son también su testamento espiritual ya que esta entrevista se realizó cuatro meses antes de su muerte. Mientras realizaba esta entrevista al P. Amorth no imaginaba que el día 13 de mayo de 2016 sería nuestro último encuentro. Casi un adiós. Entonces, cuando nos estábamos despidiendo, yo tenía ya en la mente algún proyecto más. Por eso escribo estas palabras muy conmovido, porque sé que el Señor me ha concedido una gracia especial, la de poder dar a conocer al P. Amorth, casi a final de su existencia terrenal, no solo como famoso exorcista sino también como mariólogo de primer orden.

Los temas tratados en esta entrevista están pensados para celebrar el centenario de la aparición de la Virgen en Fátima y están relacionados con el papel de María en defensa de los hombres frente a los ataques del demonio. Por esto, el P. Amorth presenta la figura de la Virgen en una síntesis mariológica muy madura y muy completa. Creo que muchos lectores, como yo mismo, se quedarán gratamente sorprendidos leyendo sus respuestas, tan profundas y actuales, sobre todo viniendo de un hombre de casi 92 años. Pensándolo bien, podría decirse que la sabiduría del P. Amorth no era solo fruto de su inteligencia y conocimiento teológico, sobre todo de la mariología, sino que le llegaba del verdadero manantial de la sabiduría, del Espíritu Santo.

Su sabiduría era también el resultado de su filiar devoción a la Virgen, a la que él dedicó todo lo que ha escrito y publicado. Creo que esta vez también la Virgen lo ha inspirado a la hora de responder en esta última entrevista.

Aprovecho la ocasión para expresar mi vivo agradecimiento al P. Ulysses Navarro SSP, que grabó esta entrevista.

P. Sławomir Sznurkowski SSP

Introducción

P. Amorth, usted es conocido en todo el mundo como exorcista; sin embargo, pocos saben que, antes de ser exorcista, también ha sido mariólogo. Basta recordar que durante muchos años fue el director de una revista mariana, publicada por los paulinos, titulada Madre di Dio, o que ha escrito seis libros sobre la Virgen. Podemos nombrar algunos como, por ejemplo, *María, un sí a Dios, El Evangelio de María,* traducidos también a otros idiomas. También ha publicado varios artículos sobre la Virgen, en los que ha escrito sobre las apariciones de la Virgen en Fátima y en Međugorje. Pero seguro que hay muchos más hechos que nosotros no conocemos acerca de su dedicación para dar a conocer, amar, imitar y rezar a la Virgen. ¿Nos podría revelar algo acerca de su compromiso mariológico?

Sí, sin duda. Yo también estoy muy vinculado, especialmente después de los últimos estudios marianos que he hecho, a algo que sucedió y que voy a contar enseguida porque lo considero fundamental: María a los pies de la cruz. Cuando Jesús dice aquella frase: «Mujer, ahí tienes a tu hijo». Y luego dice a Juan: «Ahí tienes a tu madre». Es importante este episodio porque ahora también se discute sobre la traducción y yo lo traduje de la manera que me parece más significativa. Por ejemplo, la traducción del obispado italiano, la traducción oficial de la Biblia italiana es: «Desde aquel momento el discípulo la acogió de su casa». Nosotros, estudiantes de universidad, la única universidad que hay en el mundo de mariología, el Marianum, nos reíamos de esta traducción. Algunos preguntaban: ¿decidnos cuál es la dirección de la casa de san Juan y también su código postal? Claro, Juan era apóstol. Iba como los demás a predicar. No tuvo nunca una casa propia después de dejar la casa donde nació. Vivía del mar de Galilea. Pero nunca tuvo una casa. En griego dice εἰς τὰ ἴδια, esto es, «la acogió». Incluso Juan Pablo II se fijó en esta frase. Y él también nos ofreció una buena traducción. Yo creo haber dado una traducción más completa: «La acogió en su vida», o sea, en su vida de creyente, en su vida del cristiano, de seguidor de Cristo. A mi parecer es la traducción más completa, porque nos dice que para ser cristianos es necesario el Bautismo, es necesaria la Eucaristía, aquí se dice también que *para ser cristianos es necesaria María*. Por eso considero que es una traducción más completa: María es necesaria. ¿De qué modo? Tocaremos este argumento en otro momento, pero creo que es fundamental la consagración a María. El cristiano tiene que ser un consagrado a María. Todos tenemos presente aquel santo Papa que tuvo el valor de presentarse al mundo *totus tuus,* Juan Pablo II. *Totus tuus*, ejemplo de gran santo y gran Papa que todos recordamos.

Totus tuus. Un cristiano debe ser *totus tuus*, y en mis libros, en mis seis libros sobre la Virgen, he insistido mucho en la consagración a María. Se trata de dejarnos llevar por ella, de dejarnos guiar por ella, por sus ejemplos. María vivió completamente para Jesús y el cristiano debe vivir para Jesús. Jesús es la razón de mi vida, sí, la razón de mi vida. Vivo para él. Vivió en esta tierra con la esperanza de vivir junto a él, con él por toda la eternidad. Este es el itinerario del cristiano, de todo cristiano.

Cristiano es el que cree que Jesús, hijo de Dios, y Dios él mismo, vino a salvarnos, pues con su Pasión, muerte y Resurrección consiguió la resurrección de la carne, ha logrado el acuerdo, la reconciliación con el Padre. San Pablo insiste mucho en la reconciliación porque se había dado una ruptura por el pecado original. Se había producido el cierre del paraíso; entonces se trataba del paraíso terrestre. No se nos olvide que el hombre había sido creado inmortal, pero con el pecado entró la muerte y se cerró el paraíso. Se produjo, por así decirlo, un corte con Dios. Dios nos reconcilió con el Padre; luego con su sangre nos lavó y nos lava de los pecados. Nos mantiene en su gracia con aquel amor misericordioso por el cual, aunque nosotros pequemos, él nos acompaña hasta nuestro último aliento esperando nuestra conversión, y nos otorga la gracia.

Recordemos el ejemplo del buen ladrón del que solemos decir que siempre fue un ladrón y robó también el paraíso. El buen ladrón hizo un acto de fe muy fuerte porque, no lo olvidemos, creer en Jesús Dios cuando obraba milagros era muy fácil; sin embargo, creer en Jesús Dios cuando es un pobre desamparado, crucificado junto a ti, que contigo espera una terrible muerte, justo en aquel momento creer lo que él es y decirle: «Acuérdate de mí cuando estés en tu Reino», ¡vaya!, es un acto de fe muy intenso. Y claro, es el acto que le ha conseguido enseguida la misericordia total de Dios: «Hoy estarás conmigo en el paraíso».

Jesús no ha esperado a reconocer este acto de fe, para luego premiarlo. Así es, el cristiano vive con Jesús, en Jesús. Antes que él, con Jesús y en Jesús, vivió María santísima. Y es ella la que nos enseña a vivir con Jesús; nos enseña a vivir como consagrados a Jesús. Y nosotros nos consagramos a María para consagrarnos más fielmente a Jesús.

El gran apóstol y teólogo de la consagración sin duda, san Luis Griñón de Montfort, enseña la fórmula breve: «Yo soy todo tuyo y todo lo que poseo te lo ofrezco, amable Jesús mío, por medio de María tu santísima Madre».

Es una consagración hecha a María para ser enteramente consagrados a Jesús; por medio de María se llega a Jesús, así como Jesús nos vino por medio de María. No hay duda.

Yo diría que como primer planteamiento tal vez puedan bastar estas palabras, luego, si acaso, volveremos sobre el tema si se presenta la ocasión.

Como usted sabe por propia experiencia, los cristianos aprendemos a amar a María en nuestra casa, de nuestros familiares. Usted, como todos nosotros, ¿escuchó hablar de María a su madre y su padre?

En efecto, estará bien recorrer mi itinerario de devoción mariana, pues considero que no será un trabajo en vano porque hay aspectos que pueden ser de utilidad para todos; comencé desde niño, cuando empecé a hablar empecé también a rezar a la Virgen: «¡Oh María madre mía!, ¡oh María madre mía!».

Una gran influencia en mi niñez, cuando todavía no sabía leer, ya tenían en mí las imágenes, las estampitas. Oh, todavía me acuerdo: ¡cómo me encariñé con María mediante las estampitas marianas!, y les daba besos. Fíjese, los niños son muy sensibles a las imágenes, a las estampitas y a las primeras devociones. ¡Y está claro que los niños son sensibles! A esto hay que añadir también el hecho de haber nacido en una familia en la que éramos cinco hermanos varones, yo era el más pequeño, un poco el preferido de mamá, si así lo podemos calificar, pero con dos padres cristianos muy sólidos. Desde que tengo uso de razón y recuerdo, a mi madre, cuando era muy pequeño, la acompañaba a hacer la compra por la mañana y la primera visita siempre era a la iglesia: misa y comunión. Mi padre murió pronto, cuando yo tenía 14 años; era abogado. Era el que dirigía siempre el Rosario. Fue un directivo de la Acción Católica muy entregado a su familia, un ferviente cristiano. También influyó el ejemplo de mis padres: recuerdo también el comentario que hacíamos los hermanos cuando veíamos a papá y a mamá rezar juntos. Esto es importante que lo sepan los padres. Nosotros aprendimos a rezar desde niños, a asistir a la misa apenas podíamos caminar, enseguida nos llevaban también a la misa del domingo, aunque no la entendiéramos bien, pero íbamos. Y viendo a mi padre y a mi madre orando, recuerdo que aprendimos que la oración no era cosa solo de niños, también para los adultos era importante.

Muchas veces en Italia, lamentablemente, y creo que ocurre lo mismo en otros lugares, se encuentran familias en las que la mamá enseña a rezar y el marido le deja hacer, pero el marido vive prácticamente como si fuera ateo, y a veces el niño, al llegar a cierta edad... me he encontrado muchas veces ejemplos como este. La mamá se da cuenta de que el niño, el domingo ya no va a misa:

—¿Por qué no vas a misa?

—Porque ahora soy mayor: papá no va, yo tampoco voy.

El ejemplo de los dos progenitores es fundamental, el de ambos. Ambos deben contribuir a la formación de los hijos, tanto en la humana como en la cristiana, que son inescindibles. Por lo tanto, yo tuve unos padres así, unos hermanos que vivieron ellos también esa fe, mucho mejores que yo, y además el don de la parroquia. El primer párroco que recuerdo me quería mucho y yo le quería a él. ¡Era muy devoto de la Virgen!, y nos inculcaba la devoción a la Virgen de muchos modos.

—¿Quieres complacer a la Virgen? Tienes que obedecer a Jesús porque ella siempre obedeció a Jesús y nos enseña a obedecer a Jesús. Ella nos da ejemplo.

Usaba palabras sencillas, y nos recomendaba que nos acercáramos con frecuencia a los sacramentos. Consideraba importante la confesión semanal y yo lo aprendí desde niño; y ahora que soy un sacerdote y tengo 91 años todavía la hago semanalmente. Y mirad, las enseñanzas que recibimos de pequeños, si luego las seguimos con el curso de los años, las maduramos y las profundizamos, tienen una gran influencia. Indudablemente no hacíamos grandes cosas. Destacábamos mucho las fiestas marianas. También existía una característica especial, pues en la Acción Católica donde viví de niño hasta que me licencié en derecho, el 8 de diciembre, el día de la Inmaculada, los jóvenes de la Acción Católica estábamos acostumbrados por nuestro párroco a hacer voto de castidad durante un año. Se renovaba cada año y se repetía hasta el matrimonio o hasta entrar en el seminario o en la vida religiosa. Es importantísimo. Reparemos en la pequeña Jacinta de Fátima, una niña de siete años a la que, sobre todo mientras estaba en el hospital de Lisboa, la Virgen seguía apareciéndosele y dando sugerencias, que ella repetía, aunque no las entendiera. Por ejemplo, cuando le preguntaron: «¿Cuál es el pecado que lleva más almas al infierno?», ella no dudó en contestar: «Es el pecado impuro». Creo que no sabía de qué hablaba con exactitud, pero contestó así.

Y un gran moralista, san Alfonso María de Ligorio, no dudó en declarar que se va al infierno o por aquella culpa, por los pecados sexuales, o no sin aquella culpa.

Es importante, ya desde niños, acostumbrarse a la pureza y a ser educados también en ese aspecto. Y así nos educaba mamá. Y lo mismo hacía el párroco, que nos acostumbró a confiarnos con él, y completaba las enseñanzas recibidas de nuestras madres. Esto fue también para mí una gran ayuda: el voto de castidad en el día de la Inmaculada.

El título más grande de María, no hay duda, es Madre de Dios, esa es su principal grandeza. Luego, entre los cuatro dogmas marianos, el que más me ha fascinado desde siempre es el de la Inmaculada Concepción. Luego os contaré también algo que hasta los diablos me han enseñado acerca de la Inmaculada Concepción, y es que, a veces los diablos están obligados a decir la verdad.

¿Se acuerda de alguna oración mariana, de aquellas que aprendió de niño, que también rece ahora?

Las jaculatorias como: «María te amo. Te quiero. Eres mi madre».

Aunque enseguida aprendíamos el Avemaría, que es la oración principal. Una vez también en Međugorje le preguntaron a la Virgen cuál era la oración que le gustaba escuchar más y ella contestó que el Avemaría. ¡Estupenda, estupenda!

Destaco solo una idea que a veces pasa desapercibida: «Ruega por nosotros pecadores ahora y en la hora de nuestra muerte». Le pedimos a la Virgen que rece por nosotros en los dos momentos principales de la vida. En el momento presente –«Mamá, te necesito ahora en este momento»–, pues el pasado ya no existe, y el futuro no sé si llegará. Sé que existe el presente, el ahora. Y en la hora de la muerte, un momento importantísimo que no sé cuándo será ni cuándo llegará. Y el Evangelio nos recomienda que estemos siempre preparados porque no sabemos el día y la hora. Ahora soy mayor, tengo 91 años, imaginaos cuántas personas he visto morir más jóvenes que yo; incluso desde niño. Cuando estaba en segundo de primaria murió un compañero de colegio. Empecé pronto a ver jóvenes que morían. Puesto que no conocemos cuándo, pedimos a la Virgen que nos ayude: «Ruega por nosotros pecadores ahora, en este momento, y en la hora de la muerte». En este momento, porque solo sé que vivo el presente, el pasado ya no está y no sé si llegará el futuro. Pero sé que llegará el momento de la muerte, aunque no sé cuándo llegará, en aquel momento que es tan importante, el Avemaría.

Desde los inicios de la Iglesia existe una fuerte convicción de que María nos defiende de los ataques del demonio. Pienso que esta convicción debería acompañar también a los hombres de hoy, que deberían refugiarse en la Virgen para que les defienda de los ataques del diablo. Sin embargo, hay personas que ignoran esta posibilidad de buscar refugio en la Virgen. Según usted, ¿por qué es así?

Porque los hombres de hoy, y no solo los de hoy, están bastante ciegos. Buscar amparo en la Virgen es fundamental: «Ahí tienes a tu madre». Desde aquel momento nos enseñó Jesús la necesidad de sentirnos y de vivir como hijos de María y de seguir sus enseñanzas y su ejemplo. María nos mantiene cerca de Jesús y lejos del pecado. Jesús nos dijo claramente: «El que me ama, observará mis mandamientos». No hay otro camino para amar a Jesús, lo demás son tonterías, no tienen sentido. Y, en primer lugar, la forma fundamental para amar a Jesús es observar sus mandamientos y la Virgen nos muestra cómo seguir el ejemplo de Jesús y sus mandamientos. Prestad atención, distingo bien entre mandamientos y ejemplos. Porque cuando leemos los evangelios son fundamentales...

Y aquí, perdonadme, abro un paréntesis: con mi párroco empecé enseguida la lectura de los evangelios. Cuando tenía 11 años, en Italia había una editorial llamada Salani que había publicado unos libros no muy buenos, y para remediar el agravio, público unos evangelios a precio barato. Todavía me acuerdo, costaba 0,50 €. Entonces, con 11 años, yo no tenía 0,50 €, pero mi papá y mi mamá me los dieron. Compré un evangelio y nuestro párroco nos decía que lo tuviéramos en la mesita de noche al lado de la cama y antes de dormiros leyéramos una página: «Y recordad, es más importante leer 10 veces una página del evangelio que leer 10 páginas del evangelio». Nos lo decía para que entendiéramos que el evangelio no hay que leerlo como si fuera una novela, sin meditarlo y profundizarlo. ¿Por qué? En el evangelio hay dos grandes características: es Jesús quien habla, es Jesús quien actúa. Y nosotros necesitamos oír sus palabras para seguirlas, y necesitamos ver sus ejemplos para seguirlos. San Juan nos dice en su primera carta que, si somos cristianos, hemos de comportarnos como lo hizo Jesús. Punto. Nos lo dice así de tajante, como si fuera la cosa más fácil del mundo. El cristiano tiene que ser otro Cristo. María fue, digamos, la madre, la educadora de Jesús en sus primeros años, de modo que es capaz de educarnos a nosotros también, como a Jesús, a imitación de Jesús.

Allí está, María que nos ayuda. Pero cuidado, hablé de la lectura del evangelio porque empecé con 11 años; y todavía ahora, que soy anciano, todos los días no me basta la página del evangelio que leo cada día en la celebración de la misa, porque me gusta leerlo todo, leer todos los evangelios. Y empiezo siempre: Mateo, Marcos, Lucas, Juan. Y de nuevo Mateo, Marcos, Lucas, Juan.

Lo tengo encima de la mesa y cada mañana leo una página del evangelio. Y siempre encuentro algo sobre lo que profundizar. Incluso diría que cada vez me parece nuevo. Eso porque la vida de Jesús es algo en lo que, si uno lo profundiza, ve en ella el amor con el que vivió y con el que nos dio ejemplo: cómo actúa con los enfermos, con los pecadores, con las mujeres y con los apóstoles; también con los escribas y los fariseos; cuando los azota, pero es para su conversión y para su salvación.

Y también cuando los elogia, como aquel fariseo que le preguntó cuál era el principal mandamiento; Jesús le contestó: «Ama el Señor, Dios tuyo, y ama a tu prójimo como a ti mismo». Y el otro le contesta: «Muy bien, tienes razón, es verdad, es así. Vale más amar a Dios con todas nuestras fuerzas y amar al prójimo como a nosotros mismos, que los sacrificios y los holocaustos y las demás cosas». Y Jesús le elogia: «Muy bien, estás cerca del reino de Dios» (cf Mc 13,28-34). Era un fariseo. También san Pablo era fariseo, sin duda, y de los más feroces, y se convirtió en un apóstol estupendo. Así son los comportamientos de Jesús con las personas. Imitadme a mí que *soy manso y humilde de corazón.*

El lavatorio de los pies. Yo os he dado ejemplo, para que vosotros también hagáis, como yo he hecho.

Con su comportamiento, nos enseña cómo comportarnos en la vida. Y con sus enseñanzas, nos enseña la verdad en la que vivir y fundar nuestra existencia. Este es el Evangelio.

El tema principal de esta entrevista es María, la que nos defiende de Satanás. Me parece que los cristianos de hoy han olvidado esta profunda convicción de la Iglesia, transmitida durante los siglos. Entonces, ¿cómo nos protege María de Satanás?

Aquí también me inspiro en la frase de Jesús en la que afirma que o se está con él o con Satanás. No hay caminos intermedios.

Esto lo sabe muy bien la Virgen, por eso nos defiende de Satanás, sabe que Satanás es el anticristo, porque sabe que, si nosotros no seguimos a Jesús, fatalmente seguiremos a Satanás.

Verá, una vez hablando con un profesor de la universidad me decía:

—Mire, P. Amorth, yo debo todo mi respeto a Jesucristo. Yo detesto a Satanás, no quiero saber nada de él, pero hago lo que me parece bien. Lo que es bueno, lo hago. Lo que veo que es malo, no lo hago.

—Muy bien –le contesté–. ¿Pero usted sabe, quién le

sugiere lo que es bueno y lo que es malo? ¿Cree que es fruto de su cabeza?

—¡No!

—Si usted defiende unas ideas que son contrarias a las ideas de Jesucristo, usted está defendiendo a Satanás. No se da cuenta, porque Satanás es listo, está escondido, nos sugiere las cosas como si fueran pensamientos nuestros, pensamientos que se nos ocurren, con su táctica de siempre, quiere hacer parecer el mal como bien, como una ganancia, como la adquisición de nuestras experiencias.

Todo esto la Virgen lo sabe muy bien; y sabe también por qué seguimos a Jesús y que tenemos que tener cuidado con el enemigo de Jesús que es Satanás. Por eso nos defiende de Satanás. Y nos hace entender sus engaños, nos ilumina. Es como una madre que, si ve que su hijo se equivoca, se lo dice; le dice lo que tiene que hacer, le enseña lo que sirve, lo que es bueno. Le explica que, si hace las cosas bien, estará mejor, va a ser feliz. La Virgen estas cosas nos las enseña, sin duda. Es una óptima sugeridora, nos sugiere el bien y nos enseña a estar lejos del mal.

Mire, yo conozco de primera mano, viendo todas las veces que voy, la eficacia de las apariciones marianas y la eficacia de los que frecuentan los santuarios marianos. Tan solo pensemos en la Virgen de Fátima, en los que van a Fátima, o los que van a Lourdes... La Virgen se ha aparecido en todo el mundo, incluso en pueblecitos. Claro que se apareció en todo el mundo, a pesar de que muchas apariciones no hayan recibido un reconocimiento oficial. Y la gente que va a rezar en aquellos santuarios recibe un beneficio inmenso. ¿Por qué? Porque encuentran a la Virgen. Son santuarios marianos y la Virgen los ilumina. ¿Y cuál es el centro de los santuarios marianos? Es la Eucaristía. ¿Y que hay previo y fundamental, antes de poder acceder a la Eucaristía? Está la confesión. Y es por eso por lo que en los santuarios marianos no hay muchas homilías, pero hay confesionarios y hay santas misas. La Virgen al unirnos aquí nos enseña a combatir a Satanás, acercándose al hombre.

Aquí no puedo callar la importancia fundamental de la confesión. Muchos todavía no han entendido que la confesión no es solo un medio para ser perdonados por nuestros pecados. Es también un gran medio de santificación. Basta con mirar el ejemplo de los santos, todos los santos se confesaban a menudo. Todos.

Como exorcista, he fundado la asociación internacional de exorcistas. ¿Quién sabe? Es la Virgen la que me la ha inspirado. Y está consagrada a la Virgen. Antes no existía la Asociación internacional de exorcistas. Se ha creado para que los exorcistas se reúnan, intercambien sus experiencias y se enriquezcan con las experiencias que se comunican entre ellos. Y está consagrada a la Virgen.

Un amigo mío, exorcista, me decía (durante 40 años fue exorcista en Venecia, P. Pelegrino Ernetti, un benedictino, que ya ha fallecido): «¿Sabes?, yo me confieso un día sí y otro no, y muchas veces me confieso un día sí y otro también, o sea, todos los días».

Tengo, a un santo fundador, el beato Santiago Alberione, fundador de la Sociedad de San Pablo, a la que pertenezco. Él, en los últimos 13 años de su vida, se confesaba todas las noches; yo siempre cenaba con él y veía que después de cenar subía y se confesaba. Le costaba abrir el ascensor, porque era de esos antiguos, con las puertas mecánicas de muelles. Le acompañaba hasta arriba, y allí le esperaba su confesor, un cohermano mío, y si no, llegaba enseguida. Me habría gustado escuchar su confesión para escuchar, en fin, a uno que se confiesa todos los días, para saber lo que dice. Evidentemente no podía.

Pero el ejemplo es patente. ¡Y mucho! Y seguramente se haya hecho santo justo por ello, porque la confesión hace que nos conozcamos a nosotros mismos, cada vez más profundamente. El objetivo es parecernos a Jesús. Por ello, en los santuarios marianos es fundamental la presencia de los confesionarios, así como es fundamental la frecuencia de las misas.

Es la Virgen la que atrae a la gente, y es la Virgen la que impulsa a esto. ¿Uno que va al santuario mariano qué hace? Se arrodilla delante de la imagen de la Virgen, reza y se encomienda a ella, tal vez tenga alguna necesidad, todos las tenemos. Se le encomienda: salud, trabajo, familia. Esas son nuestras preocupaciones cotidianas. ¿Y luego qué hace? Se confiesa y comulga.

Mira, yo soy devoto de Međugorje. Lo de Međugorje empezó en 1981, y en ese mismo año publiqué en el periódico del cual era director, Madre di Dio, mi primer artículo sobre el tema. Empecé pronto. Luego siempre me ha interesado. Hay un grupo de Međugorje aquí en Roma que reúno una vez al mes, el último sábado del mes, para explicar y profundizar el mensaje de la Virgen.

Y la gente acude con gusto. La iglesia está llenísima siempre. Es muy bonito. Siempre terminamos dando las gracias por haber venido. Es ella la que nos atrae. Es ella. Y yo digo siempre lo mismo: ¿sabéis por qué estáis aquí? Porque la Virgen os ha impulsado a venir aquí. Está claro.

Antes de que yo explique el mensaje de la Virgen, hacemos una hora de adoración eucarística. Después, rezamos el Rosario y luego se celebra la santa misa. Y finalmente decimos algo que es característico de Međugorje, los siete Padrenuestros, Avemarías y Glorias, como nos ha enseñado la Virgen. Es algo que ella nos ha enseñado en un momento especial, en el que los niños preguntaban cuál eran las oraciones que hay que decir por la mañana y por la noche.

Tened presente que en Croacia ya era usual rezar siete Padrenuestros, Avemarías y Glorias. A nosotros nos parece mucho. Pero la Virgen insiste.

A la pregunta de si rezamos no se puede contestar que antes de acostarnos hacemos la señal de la cruz. Bueno, vale, es mejor que nada. ¡Pero no es suficiente, no es suficiente! ¡Vamos, que así la oración no la tomamos en serio!

Cuando la Virgen de Međugorje en los primeros años guio un grupo de oración de jóvenes, de chicos de la parroquia de Međugorje, un buen día les dijo, a partir de hoy tenéis que rezar tres horas al día. ¿Cómo lo hacemos? El colegio, el trabajo, los campos y todas las demás tareas. Se enfadaron un poco, pues suponía un gran esfuerzo; pero se dieron cuenta que conseguían rezar tres horas al día, aunque fueran al colegio, aunque trabajaran en los campos, etc. Naturalmente ya no había tiempo para la televisión, ni otra cosa más que no fuera la oración aparte las tareas. ¡Tres horas diarias, unos chicos! La Virgen a veces puede parecer exigente.

Hay que prestar atención también en todo lo que insiste sobre el ayuno. Tiene una insistencia extraordinaria. Acabo de redactar un prefacio a un libro de una santa monja, famosa en Međugorje, sor Manuela, que habla sobre el ayuno. Y me digo: este libro es realmente un descubrimiento, viendo cómo enseña la Virgen el ayuno.

Cabe recordar lo que Jesús les enseñó a los apóstoles cuando no conseguían echar un demonio a los pies del Tabor. Jesús, con tres apóstoles, Pedro, Santiago y Juan, estaba en el monte de la transfiguración. A los pies del Tabor, había un chico que estaba poseído por el demonio. Los apóstoles, que estaban acostumbrados a ir a predicar de dos en dos, habían recibido de Jesús la facultad de echar los demonios y siempre lo habían conseguido. Aquella vez, aun siendo nueve, no lo conseguían. Y le preguntaron a Jesús la razón de aquello. Y Jesús contestó tres cosas: porque no tenéis bastante fe, porque no habéis rezado bastante y porque no habéis ayunado.

La Virgen también solicita el ayuno, y muchas veces en Međugorje se ha promovido el ayuno a pan y agua los miércoles y los viernes, como medida contra el demonio.

¿Pero cómo es posible? ¿Qué relación hay entre el ayuno y el demonio? La hay, porque saber ayunar es una señal, una escuela de control sobre nosotros mismos.

Fijaos, yo soy italiano y se dice que nosotros los italianos somos unos glotones. Y es muy cierto. Mi madre era una excelente cocinera, nos hacía comidas muy ricas. Pero también existía el ayuno. Por ejemplo, los viernes no se comía carne. Pero no era suficiente, se trataba de santificar por lo menos el viernes con algo de abstinencia de la comida. Se trata del dominio sobre nosotros mismos. Es fundamental para vencer al demonio. Sí, sí, y también las otras dos cosas que dijo Jesús a los apóstoles: la oración y la fe.

¡Así se vence al demonio!

Y la Virgen enseña estas cosas. ¡Vosotros me diréis! ¿Quién se atrevería?, ¿quién tendría el valor de instruir a unos chicos y exigirles tres horas de oración diaria? ¿Quién es? Nadie, ningún padre, ningún párroco se atrevería a pedir algo así. La Virgen sí, porque quiere unirnos a Jesús y sabe que el enemigo de Jesús es Satanás. Es él el que nos aparta de las enseñanzas de Jesús y la Virgen nos quiere llevar aquí. Es él el que nos aparta de los ejemplos de Jesús.

Como he dicho antes, en los evangelios hay enseñanzas y ejemplos. Está Jesús en los evangelios. Es él quien habla, es él quien actúa. La Virgen nos quiere llevar allí. Es así como la Virgen nos enseña a estar lejos del demonio. Lo primero es la prevención; luego, evidentemente, también están las ayudas a posteriori, si uno cae en el pecado. Pero la Virgen nos llama de mil maneras, de muchas formas, para volver a la gracia de Dios. Incluso si alguien se queda afectado por un mal maléfico o por una posesión, es de nuevo la Virgen la que nos enseña el camino para salir. Y vamos a insistir en ello, porque es uno de los argumentos fundamentales de esta entrevista.

¿Puesto que ya estamos en este argumento, usted podría contarnos algunos ejemplos prácticos sobre cómo la Virgen defiende a las personas que están poseídas, o sufren vejaciones, o son tentadas por el demonio?

Sí. La Virgen llama a estas personas, que muchas veces están lejos de Dios, para que se acerquen al sacerdote; les llama para que se acerquen a Dios, porque si no vuelven a acercarse a Dios no pueden liberarse. Muchas veces estas personas lo dicen. Yo, que recibo a personas que acuden a mí (práctico exorcismo, todos los días por la mañana y por la tarde, sin excepción alguna), he comprobado que muchas veces proceden de santuarios marianos. Han visitado un santuario y allí se han dado cuenta de que necesitan volver a acercarse al Señor. Muchas veces sufren problemas que les hacen padecer mucho. Todos, tanto los que están poseídos, como los que aguantan vejaciones, tienen sufrimientos muy grandes. Y lo primero que hacen es acudir al médico; pero enseguida se dan cuenta de que los médicos no les solucionan nada. Tampoco saben hacer un diagnóstico; les suministran unas curas, y cuando ven que no son eficaces las cambian. Estas otras curas tampoco funcionan, y entonces empiezan a entender que hay algo raro. Desgraciadamente, muchas veces estas personas lo primero que hacen, viendo que tienen dolores insoportables y que la medicina no tiene la capacidad de sanarlos, acuden a magos, cartománticos o a médiums, es decir, escogen la vía del ocultismo, que es un camino que no solo les puede llevar a las vejaciones y a la posesión demoniaca, sino que realmente les hace profundizar y agraviar estas situaciones. Llegados a cierto punto es posible que alguien les recomiende que vayan a ver a un sacerdote. Aquí hace falta un exorcismo.

Ahí está la intervención de la Virgen, en provocar que alguien les abra los ojos, pues normalmente están lejos de la Iglesia. Lamentablemente incluso muchos sacerdotes creen poco en los exorcismos; algunos incluso creen poco hasta en la existencia del diablo.

El Papa todos los miércoles en la plaza de San Pedro habla a la muchedumbre y cabe recordar aquella, diría yo, condena de Pablo VI pronunciada el 15 de noviembre de 1972 en una bendición del miércoles en la plaza de San Pedro: el que no cree en el demonio está fuera de la instrucción de la Biblia y de la instrucción de la Iglesia. Está fuera de la Iglesia.

¿Más que esto, qué podía decir el Papa?

Ahí está la Virgen, que sugiere a alguien que le abra los ojos y le diga que necesita a Dios: «Ve a ver a un sacerdote, ve a ver a un exorcista, ve a ver a tu párroco». A veces sugiere como primera opción ir a visitar a un sacerdote, pero incluso puede decir directamente: «Necesitas un exorcista». Entonces es la Virgen la que sugiere esto; la que inspira a las personas, amigas o de paso. Uno que, yendo una vez de pura casualidad, por curiosidad, a un retiro, a una instrucción religiosa, a una oración de liberación, gracias a una persona que ni siquiera conocía, manifestó unos signos, unos comportamientos que hacían sospechar realmente que en él hubiese algo. Esta persona cercana le dijo: «¿Por qué no va a ver un exorcista?». Y era una persona desconocida.

Por ejemplo, he conocido también muchas personas que sufrían perturbaciones maléficas y han acudido a sesiones de oraciones de liberación, pensando: «¡Mira por dónde! ¿Quién sabe si no será verdad que hay oraciones que son capaces de liberarme de mis males?». Y van. Las oraciones de liberación no son exorcismos, pero son oraciones hechas, queridas por Jesús, que dijo a todos: «El que crea en mí, en mi nombre echará a los demonios». ¡No solo los exorcistas! Es cierto que hay que estar muy unidos a Dios y si no pensemos en las vidas de los santos, sin ser exorcistas, está claro que echaban a los demonios; por ejemplo, santa Catalina de Siena no era ni exorcista ni sacerdote, era santa y echaba los demonios.

El P. Pío, el P. Leopoldo, por citar dos nombres que conocimos en vida. Santos ambos, eran los dos más importantes confesores del mundo, creo yo, en su tiempo. No eran exorcistas, pero echaban a los demonios. Eran santos.

En fin, uno por curiosidad va a asistir a una oración de liberación, y tal vez allí delata señales de estar descompuesto. Esto es porque dentro tiene el demonio, que no se resiste a manifestarse. A lo mejor necesita huir, no resiste, tiene que salir, o se derrumba en el suelo.

Muchas veces yo también he hecho oraciones de liberación y he visto, no solo en los exorcismos, sino en las mismas oraciones de liberación, gente derrumbarse en el suelo. ¡Hombre, había algo allí! ¡Y mucho! Luego, algunas de estas personas, acudieron a mí. Vi lo que había. Fuese lo que fuese, procedía con el exorcismo.

¿Y quién impulsa todo esto? Es la Virgen.

Uno puede pensar que solo es una oración de liberación, e iba a ver si por casualidad le sentaba bien. Sin saber ni siquiera de qué se trata. Otro puede llegar allí porque se lo han aconsejado; pero, ¿quién sugirió a esta persona que participara? Es la Virgen. Es ella la que nos salva de las garras de Satanás, porque sabe bien que Satanás es el enemigo número uno.

El que no está con Jesús, está con Satanás. No hay caminos intermedios. No vale decir que seguimos lo que no me parece bien. Es Dios quien nos ha creado y es Él el que nos ha dado las leyes para vivir bien, no solo para ir al paraíso, sino también para vivir bien, sanos, alegres en esta tierra, el mayor tiempo posible.

Yo creo que los santos, sí los santos, son personas listas. Todos han sido muy devotos de María. Se trata de personas listas y sabias, creo que son las personas que han sabido vivir lo más serenamente posible también en esta tierra. El Señor no quiere que vivamos mal, que estemos tristes o enfermos. No, somos nosotros los que hemos buscado estas cosas. Mira, Dios no creó el infierno, no creó la enfermedad, no creó la muerte, no creó todo lo que es malo. No lo ha creado Dios. Lo hemos creado nosotros. ¿Por qué hay tantos enfermos de cáncer hoy en día? Pensemos: comemos alimentos que muchas veces tienen abonos químicos –hemos estropeado incluso los alimentos naturales–; hemos estropeado la atmósfera y los océanos. Queridos míos, hemos dañado la naturaleza y, por eso, hay muchas enfermedades que proceden del aire y de los alimentos estropeados. Y hay otros muchos males más que dependen de nosotros. Consideremos solo los vicios como la droga, el alcohol, el tabaco, los juegos de azar. ¡Cuántas enfermedades proceden de estos males! ¿Quién nos librará?

La Virgen corre hacia todos y nos ofrece oportunidades o sugerencias para volver a acercarnos a Jesús. A todos, a lo largo de todo el camino de nuestra vida. Es nuestra madre. Es esa madre que no sigue las veinticuatro horas del día desde el nacimiento hasta la muerte. No nos abandona ni siquiera un instante e intenta abrirnos los ojos de manera que nos alejemos del mal. Así es como María nos ayuda.

Y también para nosotros, exorcistas, que vivimos en contacto con personas afectas por los maleficios y que, gracias al cielo, son una pequeña minoría con respecto a las personas que viven en esta tierra. Sin embargo, hoy en día, son mucho más numerosos que en el pasado. ¿Por qué? Porque hoy vivimos en un mundo ateo, en un mundo que ha renegado de Dios, en un mundo que vive en pecado.

Yo siempre lo digo cuando hablo con mis cohermanos italianos. Italia hoy es un pueblo de personas bautizadas que viven como paganos. Personas bautizadas que han aprobado el divorcio, pese a que Jesús dijo: «No separe el hombre lo que Dios ha unido». Esta es la clase de cristianos que son. Han aprobado el aborto, cuando Dios padre, desde los mandamientos, nos dice: «No matarás». Esto es hoy el pueblo italiano. Ya no conocen el Evangelio, no van a la iglesia, no se acercan a los sacramentos. A lo mejor van en Navidad o el Domingo de Pascua. Las iglesias están casi siempre vacías; incluso las casas están casi siempre vacías.

Me parece que hoy Italia es la nación que tiene el menor número de nacimientos en el mundo, en relación con otras naciones. Un hijo, dos hijos, muchas veces ninguno. Nada que ver con las familias de antes, con diez o quince hijos. ¿Dónde están? Seguramente en Italia hay alguna, pero son raras excepciones las familias numerosas.

Las mamás hacen de mamá, pero muchas veces el marido recibe un salario, si trabaja, que no basta para sostener la familia así que la mujer también está obligada a trabajar. Entonces un hijo, dos hijos es incluso demasiado.

Y la educación: los hijos muchas veces son educados en los primeros años, hasta los 10 años, por los padres. Luego son educados por la televisión, por Internet, por los amigos, por los compañeros del colegio, por los compañeros del trabajo, por los ambientes que frecuentan.

Esta es la vida hoy del así llamado cristiano que vive en Italia. Y tampoco en las otras naciones europeas las cosas van mucho mejor. De hecho, han sido aprobados, casi en todas las naciones, tanto el aborto como el divorcio, que van tan decididamente contra la religión. Y es así como hoy hay más personas afectadas por el demonio que en el pasado, y nosotros recibimos muchas más solicitudes y no damos abasto. ¡Qué sería de nosotros si no estuviera la Virgen para ayudarnos! ¡Pobres de nosotros si no estuviera ella! Los mismos demonios os contarán qué es María para ellos: una fuerza enorme que sale en nuestra ayuda en los exorcismos. Sin ella no lo conseguiríamos.

Usted ha escrito que María habla de la existencia de Satanás y del infierno en oposición a todos los que quisieran negar la existencia de Satanás y pretendieran minimizar toda su obra hacia el hombre y el mundo. Según su parecer, ¿por qué el hombre de hoy finge que el problema de la existencia de Satanás y del infierno no existe?

Mire, primero le voy a contestar con una verdad y luego le digo el motivo. La verdad es que todos habéis oído hablar de sor Faustina, santa Faustina Kowalska, que Jesús nombró como su secretaria para difundir el concepto de la misericordia de Dios. Dios es un Dios de misericordia. En toda la Biblia, siempre se habla de la misericordia de Dios, incluso en las oraciones. Y con la Virgen ocurre lo mismo. Considerad la Salve: «Vuelve a nosotros esos tus ojos misericordiosos...». Pero, si Jesús ha sentido la necesidad de nombrar a una santa, una gran santa, fallecida a los 33 años, como fue santa Faustina, para difundir estos conceptos, significa que quería algo más de lo que se ha hecho en el pasado. Y, de hecho, solo con santa Faustina ya hemos obtenido una fiesta litúrgica para la misericordia de Dios. El domingo después del domingo de Pascua. Y también ha habido un año de jubileo sobre la misericordia de Dios. Hechos debidos justo a santa Faustina.

Santa Faustina una vez fue invitada por Dios a ver el infierno y nos lo describe –pone la carne de gallina–. No hay cosas espantosas, pero dice cuáles son los males que hay en el infierno. Siete males que son iguales en todos, los más importantes. Basta uno para estar desesperados. Y luego muchos otros males, otros castigos a cada uno personalmente por sus culpas personales, por cómo cometió los pecados. Y nos dice también, por eso os lo cuento, que casi nadie creía en la existencia del infierno. Y muchos de ellos tampoco creían en la existencia del demonio. Mira por dónde, no creían en el infierno y allí han caído. No creían en la existencia del demonio. Uno de los siete castigos, que todos tienen, es que las 24 horas del día, siempre, está presente Satanás, que es tremenda. Todos lo ven, personalmente. Es como en el paraíso, donde todos tienen siempre la visión de Dios, en el infierno siempre tiene la compañía, la visión de Satanás que los atormenta.

Esto por decir que hoy ya no se cree en estas grandes verdades, a pesar de que la Virgen ha enseñado el infierno hasta a los niños de Fátima. Y también se lo ha enseñado a los profetas de Međugorje. ¡Pero cuánto se ha discutido sobre este tema! ¿Por qué ya no se cree en Dios? Esta es la raíz, ya no se cree en Dios.

Una vez, hablé también con otro gran hombre en esta tierra, que es científico, famoso en todo el mundo y que no cree en las verdades de la fe. Yo le pregunté:

—Dígame, ¿qué aportó usted a su nacimiento? ¿Eligió usted el momento, el lugar o la familia en que nacer, si nacer hombre o mujer?, ¿en qué ha contribuido usted personalmente con su voluntad a su existencia y su nacimiento?

Tuvo que contestar sinceramente: nada.

—No he hecho nada.

Se ha encontrado con la vida en cierta sociedad, en una determinada familia, en un tiempo… muchas veces he pensado que, si yo hubiera nacido en la India, sería hindú. Y entonces, ¿cómo es que no cree en Dios? El que le ha creado es Él. Ahí está la cuestión, si uno no cree en Dios, tampoco cree en ninguna de las verdades reveladas por Dios. Y nosotros no sabemos nada de la eternidad pasada a nuestras espaldas, antes de que existiera el hombre, antes de que existieran los ángeles. No sabemos nada. Y tampoco sabemos nada de los primeros tiempos. En fin, ¡cómo es posible no creer en la existencia de Dios!

Hago referencia a un libro de un gran cardenal, el cardenal Robert Sarah, que es el de la Congregación del Culto. Escribió un libro con el título: *Dios o nada.* Esta es una gran verdad. Es suficiente el título: o Dios o nada. Si no crees en Dios, no crees en nada.

Este es el motivo por el cual mucha gente hoy no cree en el demonio, en las posesiones, en el infierno. No cree en ello, pero va al infierno, si se muere en pecado mortal.

Muchas veces la Virgen en Međugorje ha pedido a los hombres que rehúsen a Satanás, que lo rechacen, que no colaboren con él. ¿Por qué entonces el hombre de hoy ignora esta apelación de María?

La Virgen se esfuerza mucho en esto. Muchas veces en sus mensajes ha hablado de la acción de Satanás contra ella: «Quiere destrozar mis planes».

Sabemos perfectamente cuáles son los planes de María: hacer que regrese el mundo a Jesucristo. Hacer que el mundo vuelva a seguir el Evangelio y evitar aquellos castigos hacia los cuales estamos yendo con todas nuestras fuerzas.

Hago alusión a los diez secretos de Međugorje, que son la conclusión de los secretos tremendos que Dios ha estado revelándonos a través de María, con los secretos de la Salette, los primeros, y con los secretos de Fátima. Como sabéis el tercer secreto de Fátima no ha sido publicado por completo.

El periodista experto de Fátima, Antonio Socci, ha publicado un libro que ha titulado: *El cuarto secreto de Fátima.* En realidad, no es el cuarto secreto, es aquella parte del tercer secreto que no había sido publicada.

Añado los secretos que tal vez pocos conocen en Polonia, de la Virgen de Tre Fontane. Son los secretos que fueron confiados a Cornacchiola, el profeta de aquella Virgen. Cornacchiola había alcanzado la total confianza y diría casi la amistad de Pío XII, pues cada vez que la Virgen le revelaba algo, él lo escribía y se lo mandaba al Papa. Nunca ha sido publicado; pero él antes lo copiaba. Y un periodista (posiblemente se haga referencia al libro de Saverio Gaeta, *Il veggente - Il segreto delle Tre Fontane*, Salani 2016), muy fiel a la Iglesia, ha publicado muchos libros, también junto al P. Livio, el director, guía y fundador de Radio María. Publicaron juntos muchos libros, tras visitar esa comunidad, fundada por Cornacchiola. Confiaron en ellos y les dieron acceso a los archivos del Cornacchiola, donde nadie había nunca entrado. Y fue así como publicaron un libro sobre los secretos revelados por la Virgen de Tre Fontane. Son secretos en la misma línea de los de la Salette, de Fátima y de Međugorje. Son muy específicos, por ejemplo, sobre determinados acontecimientos que luego sucedieron, como la referencia a Juan Pablo II y muchos más sucesos.

Creo que los diez secretos de Međugorje son la conclusión de toda esta serie de revelaciones, de mensajes que han sido entregados para que el mundo se arrepienta y así evite los castigos de Dios.

Aquí tengo que hacer un paréntesis: siempre es así la acción de Dios. Repasad toda la historia de Israel, el pueblo elegido. Dios hace una alianza con este pueblo, la alianza proclamada por Moisés: «Yo te protegeré siempre, si me eres fiel». Y el pueblo judío traiciona su fidelidad a Dios y se entrega a la idolatría. Y entonces Dios le llama, le llama y le vuelve a llamar mandando profetas. Y los profetas nunca son escuchados y se les trata mal, incluso se les martiriza. Entonces Dios les castiga; por ejemplo, con la destrucción de Jerusalén –destruyó el templo y trasladó al pueblo como esclavo a Babilonia, durante setenta años–. Golpea y entonces el pueblo se arrepiente después de setenta años y Dios misericordioso les devuelve a Jerusalén. Vuelve a protegerlos hasta la próxima traición. Estos avisos, estos mensajes son para volver a llamar al mundo hacia Dios, en cambio al mundo va cada vez peor.

Hace no mucho tiempo comenté uno de los mensajes de la Virgen de Međugorje que me puso la carne de gallina, porque la Virgen reconocía su fracasado. En realidad, yo creo que todo ha empeorado, pero que ella ha conseguido detener en parte este proceso peyorativo, ralentizándolo, aunque no ha conseguido bloquearlo.

Entonces, todos estos avisos, enviados desde la Salette hasta hoy, no han sido escuchados. La mayor parte de la sociedad no cree en Dios. Claro que tiene razón el cardenal Sarah escribiendo este libro: *Dios o nada*. Y el nada, creo que se podrá solucionar, con los diez secretos de Međugorje, que son golpes fuertes, no hay duda, y cuando el Señor los manda siempre es para mejorar las cosas. Siempre es para hacer el bien. Y así terminan como ya lo había previsto la Virgen en 1917: «Al final mi Corazón Inmaculado triunfará».

I

El papel de María en la historia de la salvación

El papel de María en las Sagradas Escrituras

¿Cuál es el papel de María santísima en las Sagradas Escrituras?

Hay que tener presente que las Sagradas Escrituras están divididas en dos partes que nosotros llamamos Antiguo Testamento y Nuevo Testamento. En el centro esta Jesús, porque todo el Antiguo Testamento está orientado a preparar la llegada de Jesús; y todo el Nuevo Testamento es la obra de Jesús con la humanidad. Tanto al principio como al final está la figura de María. Hay que destacar que cuando empieza la historia sagrada se supone que algunas cosas existían ya antes, por ejemplo, antes fue la creación de los ángeles y su rebelión, capitaneada por Satanás enfebrecido por la soberbia. No sabemos exactamente cuál fue su culpa, pero sabemos que ciertamente fue por soberbia. Tal vez fuera el más hermoso de los ángeles y haya querido ser como Dios. No quería estar sujeto a Dios. Se llevó consigo cerca de una tercera parte de los ángeles y dos tercios han permanecido fieles a Dios. No estamos seguros, pero sí podemos decir que, cuando empieza la historia sagrada enseguida entra en la escena Dios. Pero sabemos que ya existe un enemigo de Dios: Satanás, y todo lo que hace, lo hace por odio contra Dios.

Y entonces tenemos enseguida la caída de los progenitores, que nos procuraron la muerte. Habían sido creados inmortales: «Si comeréis de aquel fruto, moriréis». No existe una manzana, nadie habla de manzana, que sea del bien y del mal. Es un lenguaje convencional para decir que Dios les dio todo, pero también los sometió a su obediencia.

¡Vaya! Nos había creado inmortales y la muerte ha entrado en el mundo y la Biblia nos repite que fue por culpa de Satanás. ¿Por qué?

Satanás entró en acción, tentó a Eva. Tentó a Eva para llegar mediante ella a Adán. Este aspecto también es significativo. Ya ha usado estos trucos que sigue usando hoy también. Los trucos del demonio para tentar al hombre son dos. El primero consiste en negar las palabras de Dios:

—¿El infierno?

—*¡Qué va! No existe, no existe.*

—¿El pecado?

—*Los pecados y los mandamientos los han inventado los curas.*

—Dios nos dijo que, si lo desobedecíamos, moriríamos.

—*No es cierto. Dios es un mentiroso. Soy yo el que os enseño la verdad.*

El segundo truco consiste en hace ver el mal, el pecado, como un bien, como una ganancia:

—*Vais a ser semejantes a Dios. No es cierto que vayáis a morir. Al contrario, vais a ser semejantes a Dios y conoceréis el bien y el mal.*

Continúa con nosotros también con la misma táctica negando las palabras de Dios que nos invitan a acceder a la gracia de Dios, a la observancia de los mandamientos. Niega todo esto y hace ver el mal como una ganancia, un bien. Tengo un ejemplo muy banal: allí donde han entrado el divorcio y el aborto, siempre se han presentado como signos de progreso de la humanidad. Una sociedad que progresa tiene que practicar el divorcio y el aborto. Es una sociedad obsoleta la que, en cambio, no acepta el divorcio ni el aborto. Y así con todos los males. El demonio niega que sean cosas condenadas por Dios y las convierte en progreso. En este punto entra en escena María, pues está en el inicio de la humanidad. Entra en escena y Dios la presenta así: «Pondré enemistad entre ti y la mujer»; ahí anunció a una mujer que, ya desde el principio, sería la enemiga de Satanás, con una enemistad puesta por Dios, creada por Dios.

Creó a la mujer como enemiga de Satanás: «Pondré enemistad entre ti y la mujer, entre su linaje y el tuyo; él te aplastará la cabeza». Y está preanunciado Jesús. Es por eso que esta frase de la Biblia es llamada *protoevangelio*. Casi un preludio del evangelio. Y es así porque María es esta mujer. No es la mujer en general. No, no. Es una mujer, con artículo determinativo, una mujer en particular, cuya semilla, cuyo hijo le aplastará la cabeza al demonio. Nosotros generalmente representamos a la

Virgen aplastando la cabeza de Satanás. En realidad, es su hijo el que aplasta la cabeza a Satanás. Sin embargo, lo ponemos ante María. Pero es el hijo el que vence. Después, no se vuelve hablar de esto.

Según usted, ¿qué significa la palabra *cabeza*?

Satanás llevó a Adán y Eva al pecado y, por tanto, a los castigos con los que Dios les había amenazado, de modo que Satanás tiene que ser castigado. Además, Dios sabía muy bien que Satanás seguiría tentando al hombre, por eso era necesario que fuera aplastado.

Hay que notar, sin embargo, que la derrota completa de Satanás llegará solo al final del mundo. Antes, Satanás seguirá persiguiendo al hombre y arrastrándolo al pecado, sabiendo que tiene un tiempo limitado, poco tiempo –aunque sean siglos, frente a una eternidad de la existencia, sigue siendo poco tiempo–. Entonces su derrota definitiva será proclamada al final del mundo. De hecho, una frase de san Pedro y otra de Santiago dicen que el diablo está encadenado en el Tártaro a la espera de juicio. Mientras tanto siguen sucediendo desastres. Sigue con su obra, aunque Jesús ya le haya marcado la derrota con su Resurrección. No hay duda de que el diablo ha trabajado mucho para dar muerte a Jesús –con el Sanedrín, y lo mismo ha hecho con Judas–. Cuando Jesús murió, triunfó, pero inmediatamente después, tras la Resurrección de Jesús se dio cuenta que su derrota era definitiva. Fue vencido con la Resurrección de Cristo, pero ha continuado y continúa su obra hasta el final de este mundo, aunque solo sea de prueba. Es un mundo de prueba que acabará con el juicio universal. Esta será la condena definitiva de los demonios. Ya está pronunciada, ya está en acto porque ya se encuentra en el infierno, pero la condena definitiva será proclamada al final del mundo.

Ahora bien, desde que Dios anunció la llegada de la mujer enemiga de Satanás, hasta el momento central de la historia humana, Cristo, desaparece la figura de María. ¿Por qué? Porque lo que cuenta es su hijo. Entonces, durante este largo periodo ya no se habla de ella, hasta que María entra en escena. La página de la Anunciación es fundamental y supone la culminación de María en la historia de la humanidad, desde Jesús hasta el fin del mundo. De hecho, en el final del mundo, la Biblia coloca de nuevo a María. Al principio, Dios anuncia a la mujer enemiga de Satanás y al final aparece aludida como un portento que aparece en el cielo: «Una mujer vestida de sol, con la luna bajo sus pies, y en la cabeza una corona de doce estrellas». Además del vestido de sol, la luna bajo sus pies que representa su poder, las doce estrellas podrían ser los doce apóstoles. Los exegetas han discutido mucho sobre la presencia de esta mujer, también teniendo en cuenta que, a veces en Biblia, ciertas figuras no tienen una interpretación única, sino varias. Ahora bien, hay una cuestión fundamental: ¿quién es el hijo de esta mujer? Su hijo es Jesús, de modo que no hay duda, aunque se puedan tener aplicaciones diferentes –por ejemplo, se podrían decir, como algunos biblistas piensan, que representa al pueblo cristiano, o a la Iglesia–.

No cabe duda de que se trata de María santísima porque su hijo es Jesús. Así como también en la primera página del Génesis, su hijo, que es que aplasta la cabeza a Satanás, no puede ser otro que Jesús. Entonces desde el principio es la madre de Dios y también al final de la humanidad, es la madre de Cristo que gobernará con cetro de hierro sobre todo el mundo.

Como prueba del poder absoluto de Jesús cuando, alabado en el cielo por su obediencia y por su Pasión, aparece aquella profecía que Gabriel hace a María en la Anunciación: «Será rey, gobernará. Su reino no tendrá fin». Después, María comprende por la profecía del anciano Simeone que este anuncio glorioso, hecho por Gabriel, no significa que ella haya sido madre de un honorable y poderosísimo rey. Comprende que esta gloria será posterior a su muerte. Por eso Simeón dice claramente: «Será para algunos la ruina, para otros la resurrección». María comprende que toda la obra de Jesús enfrentará a sus seguidores y detractores: «Y a ti una espada te atravesará el alma».

Y la Virgen pronunció, también en este momento de su vida, su «sí» al sufrimiento, al igual que dio su «sí» a la encarnación de Jesús, cuando el arcángel Gabriel se la anuncio: «Soy la sierva del Señor. Suceda de mí según tu palabra». Un sí sin condiciones.

El sí de María lo vemos claramente tanto en la escena de la Anunciación como a los pies de la cruz, donde es proclamada por Jesús Madre de la humanidad.

Empecemos, por tanto, por la Anunciación. ¡Qué página más estupenda! Es en el evangelio de Lucas donde se nos relata la Anunciación a María. Anteriormente se sucedieron las anunciaciones a Zacarías y la del nacimiento de Juan; por eso el arcángel Gabriel le pone el ejemplo de Isabel para decirle que el nacimiento de su hijo será tan milagroso como de Juan. En ese momento, María entiende que tiene que haber un enlace entre la figura de Juan y la figura de Jesús. De lo contrario, el ángel no le habría puesto como ejemplo a Isabel, sino que habría usado uno de los hechos más famoso en la Biblia: como el nacimiento de Isaac.

Gabriel añade: «Nada es imposible para Dios». Se han superado milagrosamente la esterilidad y la vejez. Dios que todo lo puede, en María superará a la virginidad.

El ángel se marcha e interviene la voluntad de Dios por medio del Espíritu Santo. Así ella es glorificada como madre del Mesías, Madre de Dios. Y en su humildad siente la necesidad de ayudar a su prima, que es mayor y está en el sexto mes de embarazo.

Pero volvamos a la Anunciación, porque el evangelista usa unas palabras dichas por Gabriel muy precisas. Comienza con un saludo: χαῖρε. No usa el saludo de los judíos: *Shalom*, la paz sea contigo. Sino que utiliza un saludo que en la Biblia solo aparece tres veces en boca de tres profetas diferentes, Zacarías, Joel y Sofonías. Significa «alégrate», «sé feliz», y siempre son entendidas en sentido mesiánico.

María se había entregado completamente a Dios con su virginidad, y hay que anotar que Dios preparó también a José para confiarle a su hijo. Por aquel entonces la virginidad en Israel no se ensalzaba, y hoy tampoco. Una vez llamé a uno de los simposios del Marianum, la universidad de mariología, a una teóloga judía muy famosa que comentó entre los judíos existe el culto a la maternidad. No hay ningún respeto hacia la virginidad. No existía, prácticamente nació con Jesús.

Recordemos que san Pablo, en cuanto a las mujeres, no tenía una palabra del Señor, es decir, no definió una obligación para ellas; aunque recomendaba que no se casaran, sino que se entregasen enteramente a Dios. Porque una casada tiene que gustar al marido y ocuparse de la familia. Una que se consagra a Dios, piensa solo en amar a Dios y dedicarse, diríamos nosotros, en nuestro lenguaje, al apostolado. María, por tanto, tuvo una iluminación extraordinaria, apenas tuvo uso de razón, para poder hacer este voto, este compromiso de virginidad, que para el pueblo judío suponía una disminución de la esperanza.

Las mujeres encauzaban su vida hacia el matrimonio y los hijos porque esperaban también poder engendrar al Mesías. María, con su voto de virginidad, renunció a ello. Se cerró este camino. No tener hijos en su cultura era casi una maldición; por eso, Isabel, cuando supo que iba a tener un hijo, exclamó que la vergüenza que la cubría hasta entonces se había borrado.

María, consagrándose enteramente a Dios, aceptó incluso que la miraran casi como una maldita por Dios. Sin embargo, teniendo un hijo, se le quita esta maldición. Y el ángel se lo hace entender, diciendo que incluso a Isabel, en su vejez, a ella que estaba tan mal considerada por no tener hijos, se le había borrado la vergüenza por no tenerlos. Como queriendo decirle a María: «Lo ves, tú también vas a tener un hijo, a ti también se te va a quitar esta vergüenza».

Luego están las dos famosas respuestas del ángel: «Llena de gracia, el Señor está contigo. Colmada de todo bien de Dios». «Llena de gracia» es una traducción un poco miserable, como si dijéramos: «Ninguna tiene tanta gracia cuanto tú».

Es una plenitud, única, única en el mundo. Este es el verdadero sentido de χαῖρε, χαῖρε, κεχαριτωμένη, «¡alégrate, llena de gracia! Colmada de toda gracia de Dios más que cualquier otra mujer».

Se quedó desconcertada.

«El Señor está contigo». ¿Qué significa? Entonces el ángel le explica: «Tendrás un hijo, le llamarás Jesús. Será hijo de Dios. Será el heredero del trono de David y su reino no tendrá fin». Este es el primer pensamiento que argumenta el hecho de no tener una vida llena de triunfos para llegar a convertirse en rey, pues su reino que no tendrá fin.

María interviene en este momento, solo aquí: «¿Cómo puede ocurrir esto?». Luego dará la respuesta final.

Enseguida cree en las palabras del Ángel. Él le dice que tendrá un hijo, que será heredero del trono de David. Cree todo lo que dice, no tiene ninguna duda.

«Pero, ¿cómo puede ocurrir si yo soy virgen?». Y entonces el ángel da la segunda respuesta: «Por el Espíritu Santo, por el cual tu hijo será realmente hijo tuyo y también verdaderamente hijo de Dios. Nacerá de forma milagrosa, porque para Dios todo es posible. Mira, también tu prima...».

No necesita darle una prueba, una demostración. Solo quiere explicar que es un nacimiento milagroso, tal y como ha habido otros nacimientos milagrosos en la historia de Israel. Este también será un nacimiento milagroso, pero de una manera diferente a los otros, porque en ella Dios superará, digamos, el obstáculo de la virginidad.

Y entonces se produce la inmediata respuesta de María: «Soy la sierva del Señor». La palabra griega es δούλη, «esclava», pues en aquel tiempo no existía los siervos, solo existían los esclavos. Soy la esclava del Señor: soy cero.

Así, cuando dice el Magníficat: «Porque ha mirado la humildad de su sierva». Yo prefiero traducirlo: «Ha mirado la nada de su sierva». Yo no soy realmente nada. No soy nada.

María da aquella respuesta: «Aquí está la sierva, la esclava del Señor. Suceda en mí todo lo que tú has dicho». Cómo se habrá relamido el Ángel Gabriel al oírlo: «Suceda en mí según tus palabras».

Enseguida interviene el Espíritu Santo, tanto que nosotros celebramos la fiesta litúrgica de la Anunciación, que ahora llamamos Anunciación del Señor. Es Jesús anunciado a María, porque inmediatamente se realiza la concepción de Jesús. Por eso se establece el 25 de marzo, nueve meses antes de la Navidad, que es el 25 de diciembre, porque en aquel momento es concebido Jesús. Por lo que, la tendencia hoy es de dar más importancia al Jesús concebido en aquel momento que no a las premisas. También son importantes las premisas, son ambos hechos importantes: la Anunciación a María, su consentimiento y la concepción de Jesús.

María, sin duda, reflexionó sobre lo que el ángel le dijo: lo que nacerá en mí es milagroso como es milagroso el nacimiento de Juan. Me ha dado un ejemplo, no como los ejemplos famosos de la historia de Israel, sido un ejemplo modesto, que solo conocemos nosotros en familia, de Isabel, y me ha precisado que está en el sexto mes. Como si quisiera decir que vaya a ayudarla, pues los últimos tres meses son los más pesados para una mujer embarazada. Entonces ella salió rápidamente sin pensarlo más. «Deprisa», nos dice el evangelio.

¿Por qué salió deprisa? Sin duda por el deseo, pues, exaltada por Dios, necesita prestar sus humildes servicios. Va para servir, pero indudablemente también percibe que hay un enlace entre la misión de Jesús, su Hijo, y la misión de Juan. También por esta intuición parte.

Digamos también algo sobre la llegada de María a casa de Isabel. Para ir a visitar a Isabel se unió a una caravana. Por entonces, los judíos en su territorio viajaban mucho. De donde estaba ella, en Judea, hasta donde estaba Isabel, bastante cerca de Jerusalén, hay aproximadamente cinco días de camino.

Al llegar saluda a Isabel. Imagino que con la palabra de saludo: *Shalom*, «paz a ti». Le ha bastado a Isabel oír la voz de María y su saludo para ser iluminada por el Espíritu Santo e incluso entender que María en su vientre tenía a su Señor, tenía a Dios, por lo tanto, María era madre de Dios. ¡Menuda intuición!

Isabel tiene unos récords realmente estupendos. Es la primera que llama a María, «Madre de Dios». Es la primera que llama al niño que iba a nacer de María: «Mi Señor, mi Dios». Es la primera que proclama la primera bienaventuranza del evangelio: «Dichosa tú que has creído». No ha dudado ni un instante. No ha pedido ninguna prueba, ningún signo. No ha pedido nada.

¿Qué le tengo que decir a José? Nada. Confía en Dios a ojos cerrados. Ya se encargará Él.

¡Dichosa tú que has creído!

Y también fue la primera en tener el gran honor y veneración de aquellos tres meses, en los cuales la Virgen, le ayudaba y le servía, estaba allí para eso, fue la primera en venerar a María y a Jesús. Sí, son unos buenos récords. La primera en ver a la madre de Dios.

Cuándo explicamos el dogma de la maternidad de Dios siempre nos remontamos a esta palabra de Isabel. A está inspiración que recibe del Espíritu Santo. No habría podido recibirla de otro, sino del Espíritu Santo. Ella no es una adivina, es simplemente una inspirada por Dios, eso es Isabel cuando dice aquellas palabras.

Preanuncia también la grandeza que nosotros siempre repetimos. Las primeras palabras de Isabel son para engrandecer a María y a Jesús: «Dios te salve, María, llena de gracia, el Señor está contigo. Bendita eres entre todas las mujeres». La más grande entre todas las mujeres. «Y bendito es el fruto de tu vientre». Es más que bendito tu hijo, que es mi Señor. Por lo tanto, es la primera también en exaltar a Jesús y en exaltar a María. Jesús porque es Dios. María porque es la madre de Dios.

Son dos episodios muy bonitos. Justo después está el Magníficat que también sería bueno comentar. Pero no es necesario.

En el Calvario, María es proclamada por Jesús madre de los hombres. «Aquí está tu madre. Aquí está tu hijo», dice Jesús dirigiéndose a María y a san Juan. Esta nueva misión que María recibe de Jesús bajo la cruz preanuncia su maternidad para toda la humanidad.

Aquí abro un paréntesis en el que generalmente insisten los teólogos. Consideran que María ha intuido también, por obra del Espíritu Santo, que en el momento de la Anunciación ella se convertía en la madre de Jesús no solo como Dios que empezaba a ser verdadero hombre, sino también como la cabeza, el jefe del nuevo pueblo de Dios, su cuerpo místico.

Entonces, se piensa, que ha tenido una percepción, aunque lejana, de ser madre no solo del Cristo físico sino también del Cristo místico. Y yo creo que una referencia pueda hallarse cuando María, después de que pasaran cuarenta días del nacimiento de Jesús, va al templo para presentar, ofrecer a Jesús al Padre.

Seguramente le diría: «Tú eres el verdadero Padre. Es todo tuyo. Tómame a mí también y toma también a José». A mi parecer ella le puso también una intención, porque tiene que haber sido realmente inspirada: toma todo el pueblo humano, porque Jesús viene para rescatar a toda la humanidad, para volver a unirla a Dios después de la ruptura por el pecado original que nos marca a todos, salvo a María.

Creo que aquí pudo haber tenido la intuición de presentar al Padre no solo a Jesús, sino a sí misma, ofreciéndose a Dios, y también a José.

Como el evangelista los junta a ambos también en asuntos que de por sí no pertenecerían a los dos, así estuvo el día de su purificación, como si también José necesitara purificarse. Solo la mujer se sometía a este ritual de la purificación, que realmente solo consistía en una oración. Y también era el momento de entregar aquella ofrenda que enseguida nos viene descrita, la ofrenda de los pobres, dos tórtolas y dos palomas. Ofrenda de los pobres porque las personas más pudientes donaban por lo menos un cordero, en fin, algo más consistente.

Es posible que en aquel momento María haya tenido también la intuición de presentar al Padre no solo a Jesús, ni solo a sí misma y a José, sino también a toda la humanidad. La he presentado como incerteza, pero por lo vinculado que estoy a ella, me parece compatible también con esa incertidumbre a la cual están muy vinculados los teólogos, pensar que María en el momento de la Anunciación haya entendido que iba a convertirse en madre no solo de Jesús sino también de su cuerpo místico. Que haya aceptado también el cuerpo místico.

Entonces resulta más fácil entender aquel momento solemne, en el que Jesús está en agonía, antes de morir, en aquel momento tremendo, ¡tres clavos!, no podemos ni imaginarlo. Esto también lo he estudiado todo lo que he podido. Creo firmemente en la Sábana Santa.

La he estudiado durante muchos años y sigo los estudios que se van haciendo. A mi parecer no hay alguna duda, incluso la Sábana Santa pone los clavos no en la palma de la mano. Uno de los estudiosos de la Sábana Santa, me parece que se llama Pickett, que había hecho pruebas con unos cadáveres clavándolos por las manos y, para empezar, no aguantan. Y entonces tiene que ser aquí, en el espacio de Destot, así se le llama, donde sí hay fuerza para sostener el cuerpo. Y cuando fui a visitar a los legionarios de María aquí en Roma, tienen un salón muy grande con toda la ilustración de la Sábana Santa. También está el cuerpo de Jesús en escultura, y tienen fotografías estupendas. También han organizado otras cosas, como la corona de espinas, teniendo en cuenta las dos plantas espinosas que había entonces en Jerusalén y con esas han realizado una capucha, en la Sábana Santa es una capucha, no solo una corona.

Y también están los clavos: también en Santa Cruz en Jerusalén se conserva, según la tradición, uno de los clavos con los cuales fue crucificado Jesús. ¡Amigo mío, menudos clavos, menudos clavos! Grandes, robustos. Desde luego que bastaba un solo clavo de esos para bloquear los dos pies. Se sostenía todo el peso del cuerpo, mediante los clavos de las manos y los clavos de los pies.

El esfuerzo de respirar, el esfuerzo para hablar. En aspiración podía decir solo algunas palabras, por lo tanto, hablaban con palabras rotas. Pocas palabras cada la vez. En aquella situación Jesús dice: «Mujer, ahí tienes a tu hijo». Un día tuve motivos para discutir con un teólogo protestante, muy bueno, muy recto, muy cercano a nosotros, que decía que en el fondo había sido un acto filial de Jesús. Dejaba a su madre sola y se la encomendaba a uno de su confianza. Ahora bien, en aquel momento desde luego no se trataba de un episodio puramente familiar, de utilidad.

Antes de partir, ciertamente Jesús ya se había ocupado de su madre, tal y como era costumbre entonces porque no había seguros sociales como los tenemos nosotros hoy. Pero tampoco había soledad. Era rarísimo que una mujer se quedara viuda y sola, rarísimo, porque se mudaba a casa de familiares y era acogida como una hija, con los mismos derechos y deberes de los hijos. Y es cierto que vemos que siempre, cuando aparece María, también en la bajada del Espíritu Santo, está en compañía de sus hijos. En los Hechos de los apóstoles la vemos en compañía de sus familiares. También en aquellas dos veces, nombradas por el evangelio, creo yo impulsada por la familia, fue a ver a Jesús durante su misión pública. Ella siempre está entre familiares, siempre, nunca está sola.

Por lo tanto, eran valores inmensamente más grandes que el de utilidad. Un hijo que se ocupa de su madre sola. ¡Nada de eso! Se entregaba él, no a Juan, se entregaba él a todos nosotros.

Recordemos la expresión εἰς τὰ ἴδια, que suele traducirse como «la tomó»; pero en un libro yo la traduje como «la acogió en su vida», es decir, él ha entendido que en la vida del cristiano es necesaria la presencia de María como es necesario el bautismo –«El que crea y se bautice será salvo. Es que no crea, está condenado», las palabras de Jesús son decisivas–. Es necesaria la Eucaristía y es necesaria María.

«Aquí está tu hijo». Observad también que, ante todo, entrega el hijo a María. Esto también es importante destacarlo. No dice: «Juan, te entrego a mi madre». No, es el hijo el que es entregado a la madre. Somos nosotros los que somos encomendados como hijos a María. La cual nos ama como verdaderos hijos desde un punto de vista espiritual. Y nos protege como hijos, nos ama como hijos con un amor infinito.

Imaginaos, María es la mejor imitadora de Cristo. No hay duda. De manera absoluta, debemos imitarla para agradar a Jesús. Ella se parece a Jesús.

Jesús dijo: «Amaos como yo os he amado. Dispuestos a morir por vuestros hermanos y también por vuestros enemigos». San Juan es muy claro al explicar estas palabras en la primera Carta: «Amaos, como yo os he amado». ¿De qué manera nos ha amado Jesús? ¡Hasta dar la vida para nosotros!

Imaginaos si María no nos ama así, es que está dispuesta a dar su vida por nosotros. Nadie nos amó como María, porque ella tiene el ejemplo de Jesús, tiene el mandamiento de Jesús, tiene la entrega que le viene de Jesús. ¡Claro! No puede estar sin nosotros, y sin darse para nosotros, sin sacrificarse hasta el final por nosotros. ¿Por qué vemos en muchas apariciones de la Virgen a María llorando? Incluso con la primera a la que hago referencia como inicio de las profecías marianas que, a mi parecer, se concluirán con los diez secretos de Međugorje. La única aparición que tuvo una grandísima influencia: la aparición en la Salette, allí la Virgen aparece llorando. Y muchas más veces apareció llorando también, incluidas también las de Međugorje. Cuántas lágrimas derramadas por la Virgen por nosotros, porque todavía estamos lejos de su Hijo. Y ve una sociedad tan lejana de su Hijo, y como todos somos sus hijos, ella nos quiere llevar a todos a Jesús.

Es así como recibió una misión estupenda. Y hay que notar además que la Virgen recibió una misión estupenda, pero siempre vivida de manera escondida. Ella no tuvo la misión de predicar. ¡No!

Abro un pequeño paréntesis con la Resurrección de Jesús.

Jesús tiene interés en demostrar su Resurrección, porque son ellos los encargados de predicarla y testimoniarla. Pero él se apareció a muchas personas. Por ejemplo, a los dos discípulos de Emaús, por decir una. Se apareció antes a María Magdalena, y luego a otras mujeres. San Pablo, incluso, nos habla de una aparición a 500 fieles, de los cuales algunos murieron, pero muchos otros todavía están vivos, añade san Pablo. Jesús se apareció a muchas personas, pero con una intención especial, por eso manda a los doce a Galilea: «Id allá. Allá le veréis», hace decir a las personas a las que se aparece.

Yo creo que en Jerusalén solo se apareció a María Magdalena, a lo mejor también a alguna mujer más. También a san Pedro; de hecho, nosotros leemos continuamente en el breviario: «Y se apareció a san Pedro». Ya ves, después de haberle negado, Jesús sabía que necesitaba consuelo. Y además está la aparición a los dos discípulos de Emaús.

Creo que todas las demás apariciones ocurrieron en Galilea, supongo que por una razón práctica porque antes vemos a unos apóstoles asustadísimos, llenos de miedo. Está claro, eran secuaces de un condenado a muerte, de modo que ellos también merecían la condena a muerte. Se habían encerrado y les obliga a acudir a Galilea. Ya han pasado muchos días y no tienen miedo, ni siquiera lo piensan.

Creo que había también otro motivo, pues la primera aparición, Jesús la hizo a la Virgen. Mirad, hay muchos otros mariólogos que piensan lo mismo, y lo quiero destacar, no yo solo, sino muchos antes que yo. A mi parecer, María santísima, que asistió a la agonía de Jesús y a su muerte, digamos que también a su sepultura, a su deposición, diría que casi tenía derecho a ser la primera testigo de su Resurrección.

El Sábado Santo lo consideramos como un día alitúrgico, no hay nada, pero muchos sacerdotes ya lo asumen como la hora de María, de su oración constante, pues es la única que cree en la Resurrección de Cristo en el tercer día. Ya no creen las mujeres que solo piensan en embalsamar el cuerpo de Jesús, y menos los apóstoles que solo procuran estar bien escondidos para no ser arrestados. Nadie piensa en ello. Solo María cree en las palabras de Jesús de que al tercer día resucitaría.

Seguramente la instruyó mucho antes de partir a la misión que duraría tres años. Sin duda la ha instruyó, así como lo había preanunciado muchas veces a los apóstoles, por lo menos tres veces según el evangelista Lucas. Según Lucas por lo menos tres veces se da el preanuncio de Jesús a los apóstoles acerca de su muerte, de su Pasión y sobre su Resurrección al tercer día. Pero es cierto que estas cosas se las había preanunciado a

María con muchos más detalles; de modo que yo creo que María, en esos tres días los pasó en oración. Y desde aquella habitación en la cual estaba, no tenías necesidad de moverse, entonces vio a Jesús salir del sepulcro, guapo, guapísimo, sin heridas, glorioso, feliz, sonriente.

Bastaba que se miraran para entender muchas cosas. No había necesidad de palabras. Feliz.

Yo también, junto a muchos de los demás estudiosos de mariología y de las Sagradas Escrituras, pongo en relación estos tres días con el momento en que perdieron a Jesús en el templo, donde Jesús da una respuesta. Son las primeras palabras que dice, registradas por los evangelios: «¿Por qué me buscabais?». «Hijo mío, vaya, te buscábamos angustiados». Lucas usa la misma palabra, *angustiados,* para definir los sufrimientos de los condenados. Y claro que han sido así, son los gritos de infierno. Después de la primera tarde en que Jesús no llegaba, la noche. Todo el día del sábado en el que volvieron a Jerusalén y una noche más. Por fin la mañana siguiente le encuentran en el templo. Creo que hay una relación entre aquellos tres días de oración incesante de María, pues seguro que recordó aquel episodio de Jesús a los doce años.

Sea como sea, ¿por qué el Evangelio no habla de ello? Porque María no tenía la misión de testimoniar la Resurrección de Cristo, no tenía esa finalidad. Eran los apóstoles los que tenían que testimoniarla con sus discursos. Y lo vemos desde el primer discurso que hace san Pedro, magnífico. Acaban de recibir el Espíritu Santo y en aquel momento todos entienden, todos han recibido las lenguas de fuego del Espíritu Santo, han entendido que en aquel momento nace la Iglesia. Enseguida san Pedro ve a mucha gente que se había reunido por el ruido que había producido el Espíritu Santo antes de llegar, y hace aquel discurso ante miles de personas. Él nunca había hablado ante miles de personas. Estaba inspirado por el Espíritu Santo. ¿En qué se basa? En todo. Sobre el Cristo resucitado, nosotros lo hemos visto y somos testigos. Aquella es la primera gran verdad que hace que la gente crea en Jesús, que es verdaderamente Dios. Los apóstoles estaban comprometidos en ello, no María, María no era la encargada de dar testimonio.

Para concluir esta parte quisiera que usted nos dijera algo acerca del hecho de que la vida de un cristiano sin María no es una vida plena.

En efecto, María es un elemento esencial para ser cristianos y para la Iglesia, como el bautismo y como la Eucaristía. En cuanto a su necesidad, el valor es diferente, pero en cuanto a necesidad los pongo en el mismo nivel. Necesarias son las tres cosas. Pensemos en aquellas palabras de la Virgen en Fátima que concluyen el tercer secreto: «Finalmente mi Corazón Inmaculado triunfará, Rusia se convertirá y habrá para el mundo un periodo de paz».

«Mi Corazón triunfará». La Virgen prevé un aumento de la Iglesia por parte de personas de otros credos, de otras religiones. Yo también creo que hay muchos pueblos, por ejemplo, los anglicanos, que están extremadamente cerca de nosotros. Además, tienen una peculiaridad única, los anglicanos se separaron de la Iglesia no por motivos doctrinales sino solo para poderse separar del Papa. Tanto que cuando el Papa fue a Inglaterra, yo llegué a dudar de que fuera a tener una buena acogida. Y muchos sacerdotes anglicanos se hacen volver a consagrar sacerdotes por los obispos católicos, porque dudan de la validez de su consagración, mientras que históricamente no ha habido algún obispo que haya pasado al anglicanismo. Por eso tienen dudas acerca de la validez de su consagración sacerdotal y piden que les vuelvan a consagrar los obispos católicos; están muy cerca. Basta un paso. Y luego también hay muchas ramas del protestantismo, porque Lutero, pues yo no sé lo que hará el Papa cuando conmemore los 500 años de Lutero. Creo que es en octubre, no lo recuerdo. No sé lo que hará.

Lutero, sin duda, fue para nosotros un desastre. Es cierto que había cosas reprochables, y había muchas. Tenían que haber hecho como san Francisco y santo Domingo que vivieron en un momento en el cual sí que había cosas que reprochar a la Iglesia. ¿Cómo le hicieron sus reproches? Haciéndose santos, viviendo santamente el Evangelio, esa fue la forma de protestar. No se valieron de motivos políticos que jugaron de forma determinante en la separación de los protestantes y en el nacimiento del protestantismo.

La libre interpretación de la Biblia ha generado, me parece, en 83 sectas diferentes. Ya los primeros tres del protestantismo: Lutero, Zwinglio y Calvino en la sola frase de Jesús: «Este es mi cuerpo. Este es mi sangre», dan tres interpretaciones diferentes. Lutero creía en la presencia real. Zwinglio y Calvino no; sea como sea, tres interpretaciones diferentes, y nos han creado un montón de confusión.

Creo que la Virgen predijo que muchas personas volverían a la Iglesia católica y romana. Creo que en estos siglos ha aumentado cada vez más la devoción a María, cada vez más se comprende el papel de María, no solo con Jesús, mientras Jesús vivía, sino también después en la vida de la Iglesia y de cada hombre. Está aquel precioso documento que es la *Lumen gentium*, según mi parecer el documento más importante del Vaticano II, el documento sobre la Iglesia. Nunca un concilio había hablado tanto de María como el Vaticano II. Es maravilloso y ofrece unos puntos clave. Allí también se destaca a qué punto ha llegado el estudio mariano y la devoción mariana, cuando se celebró el Vaticano II. Cada vez se comprende, cada vez se nota más la necesidad de María en nuestra vida.

El papel de María en la enseñanza de la Iglesia

Tanto el concilio Vaticano II como los últimos papas, Juan Pablo II, Benedicto XVI y Francisco, llaman a María la «Madre de la Iglesia y mediadora de todas las gracias». Según su opinión, ¿cuál es el papel de María como mediadora de todas las gracias en la liberación de Satanás?

Me gustaría hacer un inciso. Durante estos siglos, en estos dos mil años, se ha profundizado cada día más en el conocimiento de María y su papel. Sin embargo, no se ha terminado. Ahora puedo hablar de lo que es el papel de María, pero todavía no ha sido profundizado.

Hay que tener presente que en la Iglesia todos somos bautizados, todos tenemos el Espíritu Santo. Y el Vaticano II clarifica que cuando una verdad es creída por todo el pueblo de Dios –laicos, sacerdotes, obispos, etc.– puede ser declarada segura y también dogmática. También es el típico el método usado antes de Pío IX y después por Pío XII, para proclamar los últimos dos dogmas marianos –Pío IX, el dogma de la Inmaculada Concepción, Pío XII, el dogma de la Asunción de María–. Hicieron una encuesta en toda la Iglesia, preguntaron y quisieron respuesta de parte de todos los obispos; o sea, hicieron una encuesta mediante los obispos, para saber si el pueblo y los sacerdotes aceptaban aquella verdad. En ambos casos, las respuestas fueron casi unánimes. Y entonces fueron proclamados estos últimos dos dogmas, por solicitud de toda la Iglesia, de todo el pueblo de Dios. Lo digo porque también en la devoción mariana vemos que generalmente el pueblo precede a las autoridades. Las autoridades asisten, analizan, estudian, y luego, cuando ven que el momento está maduro, se pronuncian. Pero se parte siempre desde la sensibilidad popular, el pueblo de Dios.

También se ha discutido, por ejemplo, sobre el título de Madre de Dios. En el 431 hasta hubo un concilio. Estamos en tiempo de san Cirilo de Alejandría, o sea, muchos siglos atrás, y sabemos que cuando el concilio de Éfeso se pronunció a favor del título Madre de

Dios, el pueblo se alegró sobremanera y acompañó a sus casas a los diversos miembros del concilio ecuménico con antorchas, es decir, esta alegría del pueblo manifestaba lo que el pueblo ya consideraba una certeza. Y fue aprobado por el papa Sixto III que entonces hizo edificar Santa María la Mayor que fue la primera iglesia dedicada a María en Occidente. Antes, iglesias marianas solo existían en Palestina, en ningún otro sitio. Vemos cómo desde entonces han crecido y diremos el motivo.

El punto que todavía, a mi parecer, no ha sido profundizado bastante, es la razón de que María sea necesaria para cada uno de nosotros, ¿para qué? También lo decimos de las palabras de Jesús que nos la dio como madre, ¿de qué más lo deducimos? Yo creo que hubo un hecho importantísimo: cuando uno muere, termina su actividad en la tierra. Podrá rezar, podrá interceder. Y por eso se ruega a los santos, se obtienen gracias. Pero su actividad en la tierra se ha terminado.

Pienso en mi fundador, el beato Santiago Alberione, que dio origen a diez fundaciones. Siempre que se decidía por una fundación, decía que había sido pensada y rezada durante muchos años. No era algo improvisado. No, era algo madurado. Entonces una vez le dije: «Yo creo que usted se va a morir con el remordimiento, es decir, lamentando no haber fundado muchas más obras que tenía en mente». Y él me contestó: «Es cierto». A saber, la cantidad de cosas que tenía en su mente. A veces nosotros decíamos de él que era como un volcán en continua erupción. En fin, el P. Alberione, ese gran apóstol.

Nosotros creemos, al contrario de todas las demás personas, que terminado el curso de la vida terrena en esta tierra no se tiene más actividad directa.

San Francisco y santo Domingo, tal vez, fueron los primeros en fundar comunidades masculinas y femeninas, y a otra, digamos, de cooperadores, el tercer orden franciscano. Santa Catalina de Siena no era una monja dominica, era, como diríamos nosotros, algo más que una cooperadora, que una del tercer orden. Era algo más, tenía los tres votos. Pero se llamaban *mantellate*. Ella no vivía en un convento, sino que viajaba continuamente para poner de acuerdo a aquellos soberanos que luchaban entre sí, por lo que fue una gran apóstol de la paz entre los pueblos como ningún otro santo y ninguna santa, creo yo. Murió a los 33 años, muy joven, pero era santa. Era analfabeta, pero era toscana, y en sus libros se nota que tenía un conocimiento de la lengua italiana realmente extraordinario. Cuando fui profesor de italiano en nuestra escuela superior interna en Alba, noté la diferencia entre los alumnos que tuve cuando di clases en Módena, donde eran casi todos de la Emilia o con pocas excepciones. En cambio, en Alba los jóvenes venían de diversas partes de Italia y he visto la gran ventaja que tenían aquellos pocos toscanos, uno especialmente, porque tenían un nivel de conocimiento del italiano que nosotros que no somos toscanos, no tenemos. Cuando leo libros escritos por toscanos, por ejemplo, por Juan Papini, famoso también por su conversión, pero que también es un gran escritor, necesito tener a mano un diccionario porque usa muchas palabras que nosotros no usamos ni conocemos. Basta con pensar aquella obra maestra que es la *Divina Comedia;* allí también destaca el gran dominio que Dante tenía del idioma, mientras que nosotros, que no nacimos en Toscana, tenemos un vocabulario limitado de la lengua italiana. Santa Catalina de Siena, que era toscana, de Siena, usaba un lenguaje muy hermoso en sus cartas, tanto que se estudian incluso en la literatura italiana porque son realmente válidas también desde el punto de vista de la forma, y ella las dictaba porque era analfabeta, no sabía escribir. Mira qué grandes cosas ha sacado el Señor de ciertas personas cuando vivían.

No fue así para María santísima, porque justo después de su asunción al cielo, empezó una vida nueva que dura todavía y durará hasta el fin del mundo. Por eso tenemos que ver esta necesidad. Jesús quiso a María no solo como su madre, sino también como su cooperadora en la redención, partícipe directa en la redención, aunque en una vida retirada, de oración, de aceptación. No sabemos exactamente hasta qué punto contribuyó en la formación humana de Jesús, y también en su vida apostólica, en los tres años de apostolado en la vida pública de Jesús, y luego en su cooperación, participación total, en la Pasión de Jesús. Estas cosas no las sabemos, pero las comprendemos porque vemos varias consecuencias. Es eso, Jesús la quiso con él.

Nos lo reveló enseguida el anciano Simeón, cuando en el episodio de la presentación en el templo, primero hizo la exaltación de Jesús, con aquella brevísima oración que nosotros repetimos todos los días en Completas: *Nunc dimittis* («Señor, tómame ahora»). El Espíritu Santo le había prometido que no moriría sin haber visto el Mesías, y ahora que había visto a un niño de cuarenta días, un bebé, muy pequeño, pero lo había visto, ahora dice: «Ahora, Señor, tómame. Ahora puedo morir». Luego, dirigiéndose a María, Simeón comenta: «Para algunos será causa de ruina». La primera palabra es esa. «Para otros de salvación». María enseguida entiende cómo será la vida de Jesús, como le dijo Gabriel: «Será rey, heredero del trono de David; su reino no tendrá fin». Entiende enseguida que no será un paseo de triunfo en triunfo, que lo lleve a ser el rey sobre toda la tierra. Todo lo contrario, entiende que será una vida atormentada, y Simeón añade, y esto también es fundamental: «Y a ti una espada te traspasará el alma», es decir, tú vas a ser partícipe de esta vida, actividad, ministerio, apostolado de Jesús, y habrá quien lo acepte y quien lo rechace.

Entonces ya lo ve, ya nos lo dice, y María lo entiende y asume. Su misión no ha sido solo ser madre de Jesús, sino que su misión continuará durante toda la vida de Jesús. Es partícipe directa, aunque nosotros la veamos escondida. No sabemos nada de aquellos años de vida privada, y tampoco durante los tres años de la vida pública de Jesús. Solo tenemos el episodio bellísimo del primer milagro en las bodas de Caná, que nos llevaría a profundizar las palabras de Jesús dirigidas a María. Pero sabemos muy poco de la influencia que pueda haber tenido María en su hijo, la suya era una presencia de oración y de participación con su sufrimiento, muy eficaz; aunque no sea evidente, no se note, no sea pública. Es allí donde vemos esta necesidad de María. Jesús la quiso necesaria también en su misión de redentor. Este es el primer descubrimiento que tenemos que hacer sobre María, que la quiso como cooperadora en su misión de Redentor y de Salvador. ¿A qué precio? No se murió. No. Y Jesús dio su sangre, su vida, murió para nosotros. Pero «a ti una espada te traspasará el alma». Los dolores de María han sido inmensos, participación directa en los sufrimientos de Jesús. Luego María continúa su colaboración con Jesús en toda su obra de salvación a lo largo de los siglos.

Los cristianos son un cierto número, es cierto que se ha desperdigado mucho. Esta fue la obra de los primeros apóstoles, conocemos sobre todo la obra de san Pablo, de los demás apóstoles no sabemos casi nada. Sabemos algo de san Pedro, algo del diácono Felipe porque los Hechos de los apóstoles nos hablan de ello. También queda algún escrito, por ejemplo, los escritos tanto de san Pedro y san Santiago, llamado Santiago el Menor para distinguirlo de san Santiago, hermano de Juan. En resumen, sabemos muy poco de los demás apóstoles, del apostolado que realizaron. No obstante, fue un apostolado muy eficaz, porque el cristianismo se ha difundido, pero todavía queda lejos del ideal de Jesús de que haya un solo rebaño y un solo pastor. Y es así como en toda esta obra que se está viviendo, con sus altibajos, Jesús está en plena actividad y con él colabora María. Ahí está la necesidad de María, porque la vemos presente en toda la obra de la Iglesia.

Nadie está tan presente como ella, activa como ella, de una manera plenamente reconocida. Por eso esta devoción cada vez está más extendida, por eso hay miles de santuarios y de iglesias dedicadas a María.

Pensemos también en sus apariciones, en sus intervenciones directas, muchísimas a lo largo de la historia de la Iglesia. Y diría también que las ha habido de muchos tipos, a veces son apariciones individuales con una motivación personal, otras veces se trata de apariciones para sanar a grupos. Pienso por ejemplo en la Virgen de la que son muy devotos los de Vicenza, la Virgen de Vicenza, que se apareció en una epidemia de peste. Antes era muy comunes y periódicos los contagios de peste, y entonces vemos que la Virgen no interviene solo para ayudar a un individuo, a lo mejor un fundador, sino también para un pueblo entero.

En estos últimos tiempos, se sigue preocupando del interés general, por la paz entre las naciones. Tenemos a la Virgen de Fátima que en 1917 dice: «La guerra se está acabando, pero si no se hace lo que yo os digo, surgirá otra peor que esta». Hizo unas peticiones precisas con la consagración de Rusia. No se han obedecido sus palabras. No se han obedecido, y estalló la II Guerra mundial. Y ahora vemos que estamos en el límite de una tercera guerra mundial que será inmensamente peor que las otras guerras mundiales del pasado, porque, puede verse, antes había pequeños Estados, por ejemplo, como en la historia de Italia, aquellos pequeños Estados estaban continuamente en guerra el uno con el otro, pues eran casi de regiones o de provincias una contra la otra. En la gran Guerra, se han implicado grandes naciones, por una parte, Austria y Alemania, y por la otra Francia, Inglaterra, Italia, y luego Estados Unidos. En la II Guerra mundial se han implicado en ella más Estados. Si hubiese otra, una III Guerra mundial, se implicarán todos los Estados del mundo, y por eso entendemos aquellos esfuerzos que hizo la Virgen para evitar esta guerra.

En Međugorje no hace más que repetir que necesita recrear su ejército de oración, de Rosarios, de ayuno, de vida santa. Ella quiere evitar que se cumplan los diez secretos. Por eso, con su satisfacción apenas ha hecho alusión a que el séptimo secreto ha sido suavizado. Pero todavía no estamos a salvo, porque el mundo está muy alejado de Dios. Y el Señor nos invita a que volvamos a él. Vemos la importancia de María a nivel internacional, María es necesaria para nuestra salvación, para nuestra salvación individual, y también para la salvación de los pueblos, para la salvación de la Iglesia, para que la Iglesia se extienda.

Las apariciones a Cornacchiola, interesantísimas, según las recibía las enviaba a Pío XII con el cual tenía contactos directos, pero no sin antes hacerse una copia. Pues solo últimamente se han sacado a la luz, porque nadie les hacía caso, se volvían a guardar en un cajón. Han sido publicadas, son interesantísimas, e insisten sobre todo en tres puntos: la fidelidad a Jesucristo, la Inmaculada, la persona del papa. Fijaos en los tres puntos en los cuales insiste. Siempre ve al papa como el centro que puede poco a poco reunir el único rebaño bajo un único pastor. Y será largo el camino, pienso, será largo, es verdad que lo que dijo la Virgen, sucederá.

Y luego están los diez secretos de Međugorje que ella intenta evitar con todas sus fuerzas y creo que el último intento ha sido inspirar al papa Francisco el Año Jubilar de la Misericordia, esperando un regreso, casi general, pero significativo, de las personas a Dios. Lamentablemente, un regreso masivo no lo vemos, pero vemos esta actividad de la Virgen, preocupada precisamente por la paz entre las naciones, que depende siempre del hecho de estar unidos a Dios, todo depende de una vida de fe. Hoy vivimos en un mundo que no cree en Dios, por eso el Señor nos da un toque de atención, como hemos visto hacer muchas veces, como en la vida de Israel, cuando Israel no creía a los profetas enviados por Dios que le llamaban a observar los mandamientos de Dios. Entonces el Señor golpea, interviene para que su llamada sea más fuerte.

Pienso en el rey de Israel que en Jerusalén tuvo un profeta grandísimo, Jeremías, el cual estaba preso porque decía la verdad acerca del templo. Como él decía, fue destruido. El rey secretamente le mandó llamar y le dijo: «Mira, es un secreto entre nosotros dos. Hemos de librarnos de esta nación tan poderosa que nos rodea, ¿qué tengo que hacer? ¿Lucho o me rindo y busco acuerdo con ellos?». Jeremías, este profeta mandado por Dios, como último intento para salvar al pueblo de Israel, le dice: «Si te rindes, si estipulas un acuerdo con él, te salvarás a ti mismo, a tu familia, a la ciudad, salvarás el templo, salvarás a tu pueblo. En cambio, si vas a pelear, será un desastre». Este rey, titubeante, terminará por hacer caso a sus ministros que quieren que luche, y no a Jeremías que le quiere salvar. ¡Y mirad lo que le pasa! Es significativo porque nos muestra cómo el Señor nos llama con energía. Fueron asaltados y perdieron. El rey, primero ve que cómo matan a sus dos hijos delante de sus ojos, luego le sacan los ojos y lo llevan a Babilonia, donde debajo de la mesa del rey de Babilonia, junto con otros tres reyes vencidos, come como los perros, los restos y las migas que les tiran desde la mesa del rey. Este es su fin, el templo destruido, Jerusalén destruida, el pueblo arrastrado a la esclavitud. ¿Os parece poco?

Ahora ya no tenemos a Jeremías para hacer el último llamamiento, el último, el extremo. Está la Virgen que se aparece no solo en Međugorje; aquellas son las apariciones más conocidas, diría las más importantes, pero se está apareciendo en muchos sitios. Yo sigo muchas apariciones de la Virgen, y todas están dirigidas al mismo fin, que el pueblo vuelva a Dios, porque solo así se salvará. Después se cumplirá lo que el pueblo haya merecido. Cuando Dios llama siempre es para salvar. De hecho, vemos también en el episodio narrado de la historia de Israel, que se quedan como esclavos en Babilonia durante setenta años. Fueron necesarios setenta años para arrepentirse y volver a Dios. Y cuando el Señor vio que se habían arrepentido y volvían a rezarle, entonces el Señor les liberó y volvieron a Jerusalén.

Así hace el Señor, cuando golpea, lo hace para salvar. El Señor nos ama inmensamente. Nos ama inmensamente. Pero, ¿por qué ha aceptado, diría ha querido, el sacrificio de Jesús? ¡Para salvarnos! Ciertamente no por el gusto de hacer sufrir a su Hijo. ¡Cuánto le habrá costado! Muchos biblistas y teólogos se han preguntado. ¿Jesús sigue sufriendo?, ¿la Virgen sigue sufriendo? Muchas veces se le ha visto llorando. ¿Y si Dios ha sufrido durante la muerte de Jesús? Durante la Pasión, en la agonía de Jesús en el huerto: «Padre, si es posible, aleja de mí este cáliz». Con todas sus fuerzas Jesús reza en aquel momento en el que está solo, porque él es verdadero Dios y verdadero hombre. Cuando estaba a punto de entrar en el huerto de Getsemaní, usa casi un lenguaje humano y, aunque no sea realmente así, es como si su divinidad le abandonara y se quedara solo la humanidad. Se siente realmente solo, tanto que desde la cruz dirá, casi, no digo con desesperación, porque Jesús nunca está desesperado, pero con desaliento extremo: «Dios mío, Dios mío, ¿por qué me has abandonado?». Es su divinidad la que lo ha abandonado. Antes, cuando no lo había abandonado, había demostrado desear la Pasión para salvar a la humanidad. ¡Cuánto quiero que llegue el día! Lo deseaba, lo deseaba, pero cuando su divinidad le abandona, que en realidad no lo abandona según dicen los teólogos: sufría y moría como hombre, pero merecía como Dios. Seguro que su dignidad estaba presente. Era una única persona, pero de manera diferente. Atribuía un mérito infinito a sus sufrimientos.

Claro que Dios Padre, Dios Espíritu Santo, sufrieron por la muerte del Hijo, pero lo hicieron para nuestra salvación, de lo contrario no habría sucedido. Y añado, porque es él mismo el que lo dice cuando charla con los discípulos de Emaús, también para que ocurra la glorificación total de la humanidad de Jesús. Jesús les dice a los dos discípulos: «No sabíais que era necesaria su Pasión y su muerte para poder alcanzar esta inmensa glorificación». Y también lo dirá san Pablo en aquel estupendo himno a los filipenses: «Se hizo hombre como nosotros y ha sido obediente hasta la muerte, hasta la muerte en la cruz». Es la peor muerte que se pudiera imaginar.

Por este motivo, por su obediencia hasta la muerte, Dios lo ha exaltado y le ha dado un nombre que está por encima de cualquier otro nombre. Y frente al nombre de Jesús todo se arrodilla en el cielo, en la tierra y bajo la tierra. Por esta obediencia suya. Entonces parece casi que Jesús no habría alcanzado aquella gloria que ahora tiene, en el cielo y en la tierra si no hubiera aceptado, obedecido, su humanidad, si no hubiera obedecido al Padre hasta ese punto.

Y ahora María trata de ayudarnos con todas sus fuerzas para evitar el gran golpe que hará emitir Juicio para toda la humanidad. No hay duda de que, al emitir el juicio, todos estarán obligados a reconocer que viene de Dios. Ya se habla también en muchas profecías de que habrá guerras entre los pueblos y muchos males serán debidos a la perfidia humana.

Pero también nos habla de los castigos que vienen directamente de Dios y que la gente tendrá que reconocer que vienen de Dios, como terremotos, maremotos, etc.

Sea como sea, nosotros debemos agradecer hoy a Dios padre, a Jesús y a María que nos amen y hemos de estar preparados para aceptar todo lo que nos van a mandar, porque sabemos que siempre será para nuestro bien. Siempre para nuestro bien, porque nos ama y no pueden hacer otra cosa que mandar lo que es para nuestro beneficio.

Esto es lo que yo quería decir. Esta es la actividad de María, porque Jesús la quiso partícipe de su misión terrenal, de su Pasión, hasta el fin del mundo. Esta es una actividad de María que todos podemos percibir. La hemos visto a lo largo de estos dos mil años, y entonces comprendemos por qué María está verdaderamente en la mente de Dios, en los planes de Dios, es realmente necesaria para cada uno de nosotros, para nuestra salvación, no solo para la salvación en general de toda la humanidad, sino también para nuestra salvación personal.

La Virgen nos ama, individualmente, con el mismo cariño con el que amó a Jesús. Y obedece, ciertamente, a las palabras de Jesús: «Amaos, como yo os he amado», es decir, dando la vida por vosotros. Y la Virgen está dispuesta a dar la vida por cada uno de nosotros. Nos ama hasta ese extremo. Individualmente, personalmente. Nosotros, a veces pensamos en la maternidad de toda la humanidad, de todo un pueblo. Nos sentimos perdidos entre la muchedumbre. El Señor no nos ve nunca como multitud. Nos ve como personas, creadas a su imagen y semejanza. Y así lo hace la Virgen. Mira a cada uno de nosotros como a otro Jesús.

Es así como nos ama y asiste, uno a uno, como si en el mundo solo estuviéramos nosotros. Así asiste a todos los pueblos, y también personalmente.

II

María ha sido tentada por Satanás

María, por una especial voluntad de Dios, fue preservada del pecado original, no obstante, durante su vida terrenal fue tentada por Satanás. Según usted, ¿con qué tentó Satanás a María?

Empecemos por el ejemplo principal, ¿por qué y cómo tentó Satanás a Jesús? Mateo es el que más detalles da sobre las tres tentaciones de Jesús en el desierto, pero también Marcos nos dice claramente que después de estas tentaciones se retiró hasta otro tiempo. ¿Pero cuándo es este otro tiempo? Siempre. Jesús fue tentado durante toda la vida porque el demonio sabía cuáles eran sus objetivos y probó de todo, todo lo posible para llevarlo por otro camino. Todas las tentaciones son de una profundidad realmente diabólica, pero hay una en especial que nos sorprende, cuando Satanás lo lleva arriba, al punto más alto del monte y le dice: «Mira, ves todos los reinos de la tierra. Son todos míos y se los doy a quien quiero».

Justo esta mañana, el 12 de mayo de 2016, estaba leyendo en el breviario la primera Carta de san Juan que es estupenda y dice en la parte que he leído hoy: «Todo el mundo yace bajo el poder del maligno» (1Jn 5,19). Y he vuelto a pensar en la frase que le espetó Satanás a Jesús: «Son míos y se los doy a quien quiero». ¿Es posible que sea verdad? Es seguro que no era una simple invención. ¿Por qué? El demonio quiere tentar a Jesús.

Sí, tú quieres hacer que todos te entiendan, que todos te crean y todos te obedezcan, pero yo te voy a enseñar de qué manera: convirtiéndote en el rey de todos, el más potente de todos, aquel al que todos teman; entonces sí que todos te seguirán y te obedecerán.

Es así, enseña no la vía del sufrimiento, que es la vía de la conversión, teniendo también en cuenta que el pueblo judío se había hecho cierta idea acerca del mesías prometido por Dios dado que ellos llevaban aguantando demasiado tiempo ser esclavos de otros pueblos. En los tiempos de Jesús en Palestina, eran esclavos bajo los romanos y no podían más. Entonces pensaban en un mesías que fuera un gran general como David, como Judas Macabeo, que los liberara de los romanos y que el Estado de Israel volviera a ser el más temido del mundo, respetado por todos, temido por todos. De esto se trataba.

El demonio lo sabía bien y quería arrastrar a Jesús a establecer su reino sobre esta base, en lugar de sobre la base de la conversión, del sufrimiento, de su muerte. No, quería que lo estableciera sobre la base del triunfo humano, sobre su poder humano. Por eso le promete que le dará todos los reinos de la tierra.

Fijaos, también cuando en buena fe, el pobrecito, san Pedro cometió ese error, ese fallo frente a Jesús después de que anunciara a sus apóstoles su Pasión, muerte y Resurrección. Le llamó a solas y le dijo que no quería que se muriera. Jesús llega a llamarle Satanás, ¿por qué? Porque inconscientemente, ingenuamente, le daba los mismos consejos que Satanás, pretendía que lleva a cabo su misión como un grande, siendo honrado, no muriendo, siendo sacrificado. ¡Nada de eso! Le quería llevar fuera de la vía elegida por el Padre para él, aquella de salvar a los hombres mediante su Pasión y muerte, mediante la predicación y deseando la conversión de los corazones.

Quería llevarlo por la vía del poder. El poder. Cuántos hombres se arrodillan delante del poder. Si uno es un ministro, hay que rendirse ante él para tenerlo contento. ¡Y mucho! Si uno es un ricachón, y pienso en una persona conocida en Italia como el más rico del país, todo el mundo se prostra delante de él. Incluso si ha cometido algunas tonterías, que han merecido castigos mínimos, mínimos porque al que es rico como él no se le puede tocar. Eso pensaba Pedro también: uno como tú, que obra estos milagros, que tiene estos poderes, vaya, tiene que ser honrado y estar puesto en los altares. Nada de Pasión y muerte. No.

Con la Virgen pasa lo mismo. El diablo ha entendido perfectamente que había sido elegida para colaborar con Jesús en toda su obra de la redención. Entonces también la Virgen fue tentada por el demonio, tentada por el demonio desde su nacimiento hasta su muerte; los evangelios no nos lo dicen, pero tenemos esa certeza. Y eso porque el demonio esperaba conseguir convencerla, llevarla a su terreno, para que ella, que era la madre, convenciera a Jesús de que no sufriera la Pasión, no sufriera las traiciones y los insultos.

Le trataron como a un loco, incluso como a un poseído por el demonio. Pero no, tenía que convencer a su hijo de que eligiera otra vía para salvar la humanidad, no la del sufrimiento y de la cruz. Por eso el demonio asaltó continuamente a María porque pensaba que ella, siendo la madre de Jesús, tal vez podía ser la única persona capaz de influir sobre su hijo, para que él eligiera otra vía para salvar a la humanidad.

¿Entonces cuánto duraron las tentaciones del demonio sobre María? Desde que tuvo uso de razón hasta cuando exhaló el último respiro, siempre, también después de la muerte de Jesús. ¿Por qué? Porque el demonio esperaba que ella convenciera a los apóstoles para que siguieran una vía más fácil que la que había seguido Jesús, puesto que tenían el poder de obrar milagros. Entonces sí que habrían podido convertir a los demás, porque todos les habrían creído.

La Virgen, desde que tuvo uso de razón hasta que murió, siempre fue asaltada por el demonio, ya que el demonio, pese a ser consciente de su santidad y su total consagración a Dios, pensaba que podía hacer mella en ella porque era algo del todo excepcional, impensable.

Incluso en el mundo griego-romano, las vestales observaban la castidad hasta cierta edad y luego ya no, como algo provisional, pero en compensación tenían unos derechos muy grandes, porque parecía que aquello de observar la castidad fuera una cosa tan difícil que merecía grandes premios, grandes reconocimientos, grandes honores. Y se les atribuían grandes honores, pero no era para Dios, no era para el Señor, era para ser honradas por los hombres por lo que aceptaban ser vestales.

El diablo había intuido perfectamente que el ejemplo de María, luego convalidado de manera total y solemne por Jesús, producirá en la Iglesia una gran cantidad de personas, hombres y mujeres, que se consagrará enteramente a Dios. ¡Claro que lo sabía! Y entonces, desde pequeña, desde que era una chica, intentaba convencerla a ella también, como a las demás chicas de Israel, para que aspirara a tener un marido y una familia. No solo después del nacimiento de Jesús, el demonio la tentaba para disuadir a Jesús de su método de salvación querido por el Padre, antes también quería desviarla de aquella vida ofrecida por el Señor. La única.

¿Y el resto de las mujeres?

Las que no tenían hijos eran incluso denigradas. Así que ella se condenaba a no tener hijos, entonces a ser despreciada como una castigada por Dios. Y claro, el demonio la tentaba de muchos modos, pero ella siempre ganó. Por eso, pese a todo lo que el demonio le dijo, ella venció.

Una vez le pedí a un demonio, después de referirle todas las cualidades de la Virgen que me enseño el P. Cándido, que me contara alguna otra. Y él me contestó: «Estoy enfadado con ella porque es la única que me gana siempre, porque nunca le ha rozado sombra alguna de pecado». De hecho, a los ortodoxos les gusta llamar a María «la toda santa». No hay la más pequeña sombra sobre su total santidad. Por eso el demonio, delante de ella, tiembla.

Y María siempre ha luchado para que también estemos seguros de un hecho: María santísima, ciertamente ha recibido unas gracias extraordinarias de Dios, pero siempre ha sido una criatura humana. ¡Pobre de nosotros si consideráramos a María un títere en las manos de Dios! María santísima siempre ha tenido, igual que todas las criaturas humanas, el libre albedrío para rechazar o elegir una vida siempre Inmaculada, sin alejarse nunca de la voluntad de Dios, una vida completamente consagrada a Dios. Tenía plena conciencia y pleno consentimiento. Claro que sí.

De lo contrario no entenderíamos el mérito de María, los esfuerzos que hacía para ir contracorriente, incluso frente a los requerimientos que recibía de sus padres. Hablo de los requerimientos de sus padres porque en aquel tiempo las chicas se casaban muy pronto, solían tener novio entre los 12-13 años. Durante un año estaban casadas, pero se quedaban todavía en su casa, no había tiempo de noviazgo. Podían tener un hijo porque mientras tanto hacía falta que el marido buscara una nueva casa y organizará la celebración solemne del matrimonio que normalmente duraba siete días, y era una fiesta que marcaba la introducción de la novia en la nueva casa del novio. Por eso era mucho más celebrada la fiesta en la que la novia dejaba definitivamente su familia para ir a convivir con el novio.

Era mucho más celebrada esta fiesta por la mujer que dejaba su familia para ir a casa del novio que las pequeñas y muy modestas celebraciones que se hacían con el novio, con la presencia de pocos testigos –había testigos y los padres, porque normalmente eran ellos los que decidían las bodas–. Eran simplemente esto, y lo digo con palabras que probablemente usó José: «Acepto a María como mi esposa, conforme la ley de Moisés». Nada más. Y con esta frase, en presencia de los testigos, el matrimonio ya estaba hecho.

Os podéis imaginar cuántas veces María santísima habrá recibido de sus propios padres, propuestas de matrimonio, y ella en cambio esperado que le fuera propuesto el matrimonio con José, del cual se habla muy poco, pero al cual Dios había dado una preparación extraordinaria. Sabemos que era hombre justo, muy fiel a Dios y dispuesto a todo lo que Dios quería de él. Era un hombre justo. Sabemos que era carpintero, herrero-carpintero; conocemos sus condiciones de vida, en las cuales habría vivido Jesús en su vida privada, no vivía en la miseria, pero sí modestamente. Vivía de su trabajo. Y también sabemos, importantísimo, que era de la estirpe de David, porque desde el punto de vista jurídico era necesario que Jesús, el mesías dependiera, es decir, fuera descendiente de David. De hecho, en la vida pública, se le llamaba comúnmente «hijo de David».

Y es cierto que él también recibió del Espíritu Santo la inspiración de vivir para el Señor, es decir, lo que hoy en términos modernos nosotros llamamos el voto de virginidad. Además, si tras casarse con María, ella hubiera decidido seguir siendo virgen, si hubiese querido ampliar la familia, su matrimonio habría sido nulo porque en un punto fundamental tenían ideas diferentes y deseos diferentes. Habría sido un matrimonio nulo, en cambio así, habiendo decidido ambos consagrar su virginidad, su matrimonio era plenamente válido.

Los hay también en el día de hoy, yo también he conocido algunos, novios que me han confiado que habían hecho su propósito de virginidad incluso después del matrimonio. Luego no he tenido ocasión de seguir en contacto con ellos, no sé si lo han mantenido. No lo sé, pero es posible, porque el amor no está en el sexo, el amor está bastante más allá. Y hoy que se idolatra el sexo, convirtiéndolo casi en el único motivo, se ha matado el amor, el amor ya no existe.

Y entonces tenemos a María impulsada al matrimonio por sus padres en buena fe. Al igual que san Pedro en buena fe le decía a Jesús que no quería (pobre, él amaba a Jesús), no quería que le mataran. Lo hizo por amor, pero se equivocaba, iba en contra de los planes de Dios, y lo mismo pasa con los padres de María cuando trataban de impulsarla al matrimonio, tal vez antes que le fuera propuesto el matrimonio con José. Cuando llegó el novio correcto, entonces sí que María no dudó en convertirse en la esposa de José.

María venció las tentaciones de Satanás

Me gustaría que ahora habláramos de la victoria de María frente a las tentaciones del demonio y de que su fuerza era la total entrega a Dios mediante la oración. ¿Qué señales podría usted destacar acerca de la victoria de María sobre Satanás?

Diría, sin duda, que lo que hizo que María perseverara, que le hace también insistir con nosotros, es una vida de oración. Si uno está unido a Dios mediante la oración, es fiel a sus compromisos con Dios y es fiel observador de las leyes de Dios, hoy también esto vale para todos nosotros. Esta regla fue válida para María que siempre ha sido el ejemplo de mujer de oración, tanto que incluso se ha llegado a pensar, siguiendo algunas notas del Protoevangelio de Santiago que después se abandonaron, que María ya con tres años se consagró a Dios en el templo y que vivió y se educó allí.

No existían los colegios femeninos, no existían, son algo moderno. No existían niñas que, en lugar de vivir con sus padres en familia, vivieran en el templo y fueran educadas tal vez por viudas; como la viuda que aparece cuando Jesús fue presentado en el templo, que había vivido durante siete años con el marido, y luego se consagró totalmente a Dios y al servicio del templo en el cual se quedaba de día y de noche. Pero no era realmente una educadora de niñas.

Entonces vemos que María Santísima siempre ha estado a disposición de Dios y fue, indudablemente, ayudada por Dios con las gracias necesarias. El Señor siempre nos da las gracias necesarias para nuestro estado. Ella tenía estas gracias, pero siempre tenía también el libre albedrío. Y mediante la oración siempre quedó unida a la voluntad de Dios. Es esto lo que nos da la oración, nos da la fuerza para vivir en la voluntad de Dios.

Por eso podemos repetir las palabras de gran moralista san Alfonso de Ligorio. «El que reza, realmente se salva. El que no reza, realmente se damnifica». La oración nos mantiene unidos a Dios, nos hace volver a Dios si le hemos perdido, si le hemos olvidado. ¿Por qué cada vez que nos confesamos, el confesor nos da también una penitencia que suele ser en forma de oración? ¿Por qué? Porque quiere que nosotros, mediante la oración, no volvamos a cometer el pecado, sino que quedemos unidos a la voluntad de Dios. Esto la Virgen lo ha entendido enseguida, por eso, ella, en su vida de oración constante siempre ha estado unida a Dios y nunca ha caído en las sugerencias de Satanás, que ciertamente no le han faltado. De hecho, no le han faltado, pero ella estaba protegida.

En este aspecto se puede abrir un paréntesis que, a mi parecer, es importante porque a veces no lo pensamos. Yo también me he confesado, muchas veces he pedido perdón al Señor, tomé la costumbre desde niño en la Acción Católica de confesarme todas las semanas. Y todavía hoy todas las semanas pido perdón al Señor por mis culpas, y también por las culpas que él me ha ahorrado, protegiéndome de las tentaciones de Satanás. A lo mejor las he tenido, pero solo hasta cierto punto, no tanto como para caer.

Muchas veces no nos arrepentimos.

Cuando Jesús hace aquella oración estupenda por los apóstoles antes de entrar en el huerto de Getsemaní, la oración sacerdotal de Jesús, pide por los apóstoles, a los que tanto quiere, porque son sus continuadores: «Padre, no te pido que los saques del mundo, sino que los guardes de todo mal». El mal para Jesús es Satanás, es la persona de Satanás. Preservarles del mal significa que las tentaciones que reciban no sean tan fuertes como para que terminen cayendo en ellas.

La Virgen disfrutó sin duda también de esta gracia de ser preservada del maligno, o sea que sufrió tentaciones, pero no tan fuertes como para caer en ellas. Así es mantuvo sin pecado desde el nacimiento hasta la muerte. Es la única criatura completamente, perfectamente obediente a Dios, sin hendidura alguna, nunca, excepto Jesús, que es un fuera de serie, porque es hombre-Dios.

Ahora bien, el hecho de que sea inmaculada no nos aleja de ella, diría que es para nosotros, que somos pecadores, un modelo. No tenemos sus gracias, su misión, pero nos sirve para tener fuerza a la hora de combatir las tentaciones del demonio. Ella siempre le ha ganado al mal, el Señor nos da la fuerza para vencer el mal si usamos los medios necesarios, ante todo la fuga de las ocasiones.

¿Cuál es la ruina de la juventud hoy? Tiene un nombre muy preciso. Sí, el nombre preciso es Satanás. En primer lugar, entre los medios de los que ahora se sirve, pongo Internet. Hace unos días hablaba con una madre que vino con su marido, estaban desesperados porque su hijo, de 20 años, no estudia ni trabaja. No ha terminado los estudios, y pasa, según han calculado, por lo menos 20 horas diarias delante del ordenador. Era muy bueno, y está irreconocible. Vive con sus padres solo porque allí tiene de comer y de dormir, de lo contrario se iría por su cuenta, lo dice claramente. Pero no puede irse a dormir bajo un puente, a vivir como un indigente, no quiere eso, prefiere estar en casa conectado a Internet. Internet se ha convertido en el peligro número uno, luego vienen los demás: las compañías, la televisión, la gente que uno recibe.

Por algo se empieza, también en el caso que uno sea sacerdote, y termina perdiéndose, o de una monja que se pierde, o de un religioso o de una religiosa que se pierden. El punto de partida siempre es uno: el abandono de la oración.

Recuerdo un chiste. Cuentan que un barco estaba en medio de una tormenta, el mar era peligroso, era difícil seguir navegando, entonces el capitán les pidió a los pasajeros que cada cual tirara algo que pesara mucho, porque había que aligerar la carga: un marido se deshizo de la mujer y un sacerdote del breviario. Es un chiste, pero nos dice algo verdadero: incluso para los consagrados a Dios, y más aún para los simples fieles, el alejamiento de Dios siempre empieza con el abandono de la oración. De la misma forma, el regreso a Dios, siempre ha empezado con el regreso a la oración.

María nos revela el secreto de su santidad: siempre ha rezado, reza tú también. Reza tú también. Tú no necesitas las oraciones que decía yo para vivir en el estado que el Señor quería de mí, pero tienes que usar todas aquellas oraciones que el Señor te pide.

Mirad, yo siempre pregunto, también a los que acuden a mí para recibir los exorcismos, si van a misa todos los domingos. ¡Hay que ver, son tan pocos lo que me contestan que sí, tan pocos! Les comento:

—Hijo, ¿no conoces los mandamientos? ¿No conoces el tercer mandamiento? Santificarás las fiestas. ¿Y no te sabes la historia de la creación en la cual Dios mismo dio el ejemplo? Durante seis días creó, digamos humanamente, banalmente, trabajó. El séptimo día descansó.

Hay que santificar las fiestas. Luego, ya que vivimos todos los días, todos los días necesitamos rezar, por lo menos por la mañana y por la noche. Este es el secreto que tuvo la Virgen, así vivió y nos enseña la constancia en la oración. No hay duda de que lo hace también en estas extraordinarias y continuas apariciones en Međugorje. A tres de sus seis profetas se les aparece todavía todos los días desde hace treinta y cinco años, y la palabra en la cual más insiste es *orad.* La segunda palabra, hablaremos de ella porque es demasiado importante, la segunda palabra en la cual más insiste es *convertíos.* La tercera palabra puede aparecer dura, *ayunad.* Tenéis que ser dueños de vosotros mismos, porque aquel del que se ha adueñado la gula, no es dueño de sí mismo. El que no es dueño de la gula, no es dueño de sí mismo.

La primera palabra, *orad,* es el secreto de María para mantenerse su fidelidad a Dios: la oración continua, la oración continua. Jesús también nos dio ejemplo, sin duda.

María nos ayuda a vencer las tentaciones del demonio

Para vencer las tentaciones, tenemos que pedir también a la Virgen que nos ayude, ¿verdad?

Claro, tenemos que pedírselo a la Virgen y también escuchar las palabras de Jesús, cuando nos dice durante la tremenda oración del Getsemaní: «¡Vigilad y orad para no caer en tentación!».

La primera cosa necesaria para no caer en el pecado es la oración; pero la segunda es vigilar, debemos estar atentos a lo que vemos, a lo que leemos, etc. Yo siempre recomiendo a los padres que, ya que hoy no se puede evitar tener en casa televisión e Internet, deben educar a sus para que los uses correctamente para que sepan cómo elegir los programas buenos y evitar los malos. Si uno no les enseña a saber usarlos, es un desastre, un verdadero desastre.

Entonces, vigilad y orad. Orad y vigilad. Jesús dice: «Vigilad y orad». ¡Mira por dónde!

Sea como sea, estos son los secretos para no caer en el pecado, para ser fieles a Dios, y María siempre ha aplicado estos secretos, siempre.

Si no los hubiese usado, no habría permanecido como ha permanecido: la toda santa. Porque ella también es una criatura libre y habría podido pecar.

Muchas veces debaten los teólogos sobre la impecabilidad de María, y siempre concluyen que, si dijéramos que es impecable, que no podía pecar, haríamos de María un títere, no una mujer libre. En cambio, Dios ha hecho también de María una persona libre, como ha hecho de nosotros criaturas libres. Es cierto que le otorgó unas gracias extraordinarias, necesarias al estado y a la misión que quería de ella, pero siempre fue una criatura libre, incluso frente a las continuas tentaciones del demonio, cada vez más sutiles, cada vez más sutiles.

Es evidente que el demonio la tentaba para que le

sugiriera a Jesús que se alejara del sufrimiento. En fin, es obvio que un demonio insista con una madre así: «No quiero que tu hijo sufra, te doy yo el remedio para que no tenga que sufrir». ¡Y vamos, si no es una tentación fuerte para una madre que quiere el bien de su hijo!

Pero ella sabía demasiado bien que lo bueno para su hijo era hacer la voluntad del Padre y que su hijo vivía siempre para hacer la voluntad de Dios, y también sabía que a veces hacer la voluntad de Dios significa sacrificar a los seres queridos. Tenemos el ejemplo más bonito, más claro y fuerte, cuando Jesús con doce años nos regala las primeras palabras que nos vienen contadas por los evangelios. Esas primeras palabras a nosotros nos parecen absurdas y ni María ni José las entendieron, pero no le han pedido explicaciones, solo las han meditado. Y creo que María las meditó y las entendió solo después de sufrir aquellos tres días tremendos, cuando Jesús tenía doce años. Tuvo la ocasión de sufrir otros tres días tremendos cuando, después de haber visto la agonía y la muerte de Jesús, esperó con convencimiento el momento de su Resurrección. Tres jornadas iguales de gran sufrimiento para María.

También a nosotros nos parece lógico que Jesús le habría podido decir a sus padres: «Id delante que yo os alcanzo después». Les podría haber dicho algo, es normal que no entendieran aquello de «¿por qué me buscabais?». Pero vamos, un padre y una madre que pierden a un hijo, ¿acaso no deberían buscarle? A nosotros nos parece una respuesta incomprensible también para nosotros. Por eso yo creo que la Virgen la entendió hasta el fondo solo cuando revivió esos tres días, desde la noche del primer día hasta la mañana del tercer día, esperando la Resurrección de Jesús.

¿Usted podría contar ejemplos en los que María haya ayudado a personas tentadas?

La verdad es que sí.

Hay cosas que todos las hacen un poco de la misma manera. ¿Cómo nos tienta el demonio? Muchas veces, acostumbra a invitarnos a ciertos espectáculos que sabes que no son buenos. Otras veces hace que encontremos ciertas personas y que sintamos amistad hacia ellas, porque sabe que no son buenas. La Virgen también, indudablemente, se sirve de personas. Tal vez hace que encontremos a cierto sacerdote que ella sabe que es la persona adecuada para hablarnos, porque nos caerá simpático y le daremos nuestra confianza, y así podrá ayudarnos. Nos hace encontrar a una persona, hombre o mujer, que sepa llamarnos a la oración, que sepa llamarnos a Dios, es decir, que ella también se sirve de ayuda externa, al igual que el demonio, pero él para el mal, ella para el bien. Intenta usar ciertos medios, como poner a mano los papeles adecuados.

Un compañero mío, siciliano, muy bueno como casi todos mis compañeros, de los cuales siguen vivos solo dos, de los quince que éramos cuando nos ordenaron sacerdotes, pues ese compañero había repetido, me parece en cuarto de primaria. Su padre en el pueblo encontró una hoja en el suelo, la recogió y la leyó. Era uno de los folletos que imprimía el beato Alberione cuando hacia junio o julio tenía intención de llamar vocaciones para empezar el colegio a primeros de septiembre. Hay que destacar que estaba en Alba, en Piamonte, mientras el otro estaba en Sicilia, es decir, en un lugar muy lejano, pero él vio que, en Alba, había un colegio donde se podían acabar las últimas clases de primaria y luego el bienio de escuela superior. Lo interesante era la escuela superior, porque entonces en los pueblos solo había escuelas primarias y los padres se preocupaban, sobre todo, porque tenían dinero para mantenerlos a vivir en la ciudad. Ese señor, leyó bien el panfleto y se dio cuenta, además, de que la cuota de la comida y el alojamiento era mínima, y se la podía permitir. Agarró a su hijo, a mi queridísimo compañero de mesa, y le dijo: «Ya que has suspendido, te voy a mandar a un colegio de curas donde te obligarán a estudiar». Y fue así como lo mandó a Alba. Y solo después de unos años en Alba se dio cuenta de su vocación, antes no pensaba en ello ni lo más mínimo, sentía que le habían enviado aquí como castigo porque había suspendido.

¡Qué caminos a veces escoge el Señor!

Recuerdo que algunas veces nos reuníamos. Nos veíamos a menudo, nos teníamos mucho cariño; incluso cuando no había el bienestar que tenemos ahora... de las tareas domésticas nos encargábamos nosotros, ahora hay gente que barre, que prepara la comida, gente que cobra una nómina, también por motivos de edad. Ahora ya no tenemos juventud, solo hay gente anciana. En fin, nos veíamos a menudo, y recuerdo que cuando pedimos que cada uno contara la historia de su vocación, él contó la suya. El Señor se sirve también de medios como este: hizo que ese padre encontrara en el suelo aquel folleto que publicitaba nuestra escuela en Alba. Se sirve también de medios secundarios.

Además, están las inspiraciones, claro que están las inspiraciones, ciertamente. A lo mejor estás caminando, piensas en cualquier cosa menos en la religión, y pasas delante de una iglesia y te das cuenta de que la puerta está abierta. Entras, y a lo mejor ha sido una inspiración de la Virgen para que pasaras por esa calle, te dieras la vuelta y entraras. A lo mejor te has sentido atraído por el sagrario, sabes quién está dentro, y como no hay nadie en la iglesia, has tenido el valor para arrodillarte. Si hubiera habido más gente, seguramente no lo habrías hecho. Es decir, la Virgen nos ofrece ocasiones, mediante personas o hechos, encuentros o lecturas, etc. Nos da inspiraciones para llamarnos al bien, para llamarnos a vivir en gracia de Dios.

Y recuerdo todavía a un hombre que me contaba dos inspiraciones. En Módena teníamos una iglesia de los jesuitas, que era la iglesia más frecuentada de toda la ciudad. Hay que notar que la casa de los jesuitas en Módena la fundó san Ignacio de Loyola, pero luego se fueron por falta de vocaciones. Módena tenía muchas familias religiosas que eran una maravilla: los jesuitas, los salesianos, los franciscanos, todos se marcharon. Había otros también, ahora no me acuerdo el nombre, que también marcharon. Recuerdo que para el obispo de Módena era un golpe al corazón cada vez que le comunicaban que se marchaban. Esta iglesia era la más frecuentada de Módena, una iglesia parroquial, ahora está abandonada. Era la más frecuentada de la ciudad porque estaba abierta muchas horas y tenías siempre uno o dos confesonarios con la lámpara encendida, lo que significaba que dentro estaba el sacerdote. Por lo tanto, si a uno se le antojada sobre la marcha entrar en la iglesia, viendo una lámpara encendida, se le podía ocurrir confesarse. No tenía ni siquiera que hacer el esfuerzo de buscar un confesor, además con el riesgo de que le dijeran que no tenía tiempo. Era suficiente arrodillarse en el confesonario. Muchos sacerdotes de la diócesis, de pueblos y de la ciudad, tenían la costumbre de ir a confesarse allí porque sabían que siempre había sacerdotes.

Recuerdo a uno que me decía: «Y he sentido una inspiración de la Virgen, en aquella iglesia dedicada a san Bartolomé, siempre abierta. Había entrado y como el confesonario tenía la luz encendida, es decir, que estaba el sacerdote, y no había nadie más dentro –no tenía ni siquiera que esperar, que a veces nos cuesta hacer cola, también por falta de tiempo–, fui a confesarme. Pero aquello no fue una confesión, fue una conversión, porque desde aquella vez he vuelto poco a poco a los caminos de Dios». Es la Virgen la que inspira.

Durante las tentaciones ayuda también la oración dirigida a la Virgen. Por ejemplo: María, ayúdame a vencer, a superar esta tentación.

Esto también es importantísimo y nosotros sabemos que la solicitud principal la hacemos con la oración principal a la Virgen: «Ave María, ruega por nosotros pecadores». Y también le pedimos las gracias particulares que necesitamos, porque la Virgen, con su grandeza inmensa, tiene un enorme poder sobre el Corazón de Dios. ¡Claro que sí! Es ella la que mejor intercede. Si pedimos la intercesión de un santo, aunque sea buena, evidentemente y se obtengan muchas gracias y milagros gracias a ellos, también vale, pero ella tiene más fuerza.

Estoy siguiendo, tal vez desde que soy exorcista, tal vez desde hace 30 años, a una mujer, a una joven realmente santa, que ha llevado una vida de grandísima santidad y que tiene una posesión demoníaca tremenda. Incluso hay un sacerdote, él también un verdadero hombre de Dios, que se ha dedicado por completo a exorcizar y a rezar por esta joven. Sin embargo, algunos sacerdotes exorcistas y otras personas que poseen realmente carismas le han dicho que sus sufrimientos son tan intensos porque con ellos se obtiene la salvación de almas, por ende, el Señor no renuncia a los sufrimientos de esta persona. Es por eso que, incluso después de muchos años de exorcismos y de oraciones, son muchas las personas que la conocen y rezan por ella. Sí, son muchas, y yo también desde hace mucho tiempo cada día rezo por ella, pero desde hace tantos años que ya no recuerdo cuándo empecé. Se llama Juana. Muchas veces digo: «Tienes que conformarte con la voluntad de Dios, porque el Señor quiere ver personas tan santas, está poseída por el demonio porque el Señor quería sus sufrimientos para salvar las almas».

No olvidemos nunca aquella gran palabra que la Virgen dijo a los tres niños de Fátima, tan pequeños (Jacinta tenía siete años, Francisco nueve, Lucía diez).

Después de enseñarles el infierno, las almas que caían dentro, dijo aquella frase tan importante: «Muchas almas van al infierno porque no hay nadie que rece ni que se sacrifique por ellas». Entonces se dispusieron a rezar más y a más sufrimientos y sacrificios. Por ejemplo, aquel cilicio tremendo que tenían en la cadera. La Virgen a un buen día les dijo: «El Señor está contento con vuestros sacrificios por los pecadores, pero no quiere que llevéis la cuerda atada por la noche».

Esto porque la tenía atada también por la noche y los nudos les causaban tanto dolor que no podían dormir. ¡Lo que hacían estos niños tan pequeños para salvar a los pecadores! No sabían a quién exactamente, pero eran para salvar a los pecadores los sacrificios tan grandes que hacían, que nosotros mayores, adultos no tendríamos el valor de hacerlos. Esto es lo que el Señor pide, y he conocido muchos casos en mi vida sacerdotal. He tenido la gracia de conocer a muchas personas verdaderamente santas, con enfermedades incurables y sabían que su misión era vivir en la cama hasta la muerte. Han entendido que aquella era su misión, el apostolado de su vida, por lo tanto, no solo lo aceptaban, sino que se lo agradecían al Señor. Y si el Señor les hubiera dado a elegir entre la enfermedad y la salud, preferirían la enfermedad. Mira qué grandeza nos da el Señor, con el ejemplo de su Pasión tremenda, son todas almas enamoradas de Jesús crucificado. Cuando sea elevado, dijo Jesús, atraeré a todos a mí. Tendría para hacer una homilía también solo sobre esto, sobre lo que significa: «Atraeré a todos a mí, a mi cruz, a mi crucifijo, a contemplarme en la cruz», por eso el crucifijo se ha convertido en el símbolo del cristianismo.

Y la Virgen nos guía para que imitemos a Jesús también en el sufrimiento. Nos sostiene, nos ayuda, nos conforta también cuando tenemos unos dolores que no desaparecen. Es típico el ejemplo de san Pablo que ha padecido un mal, no se sabe exactamente de qué se trataba. Yo os doy una explicación mía: era un ángel de Satanás que le abofeteaba. Pidió insistentemente por tres veces a Jesús que le quitara aquel sufrimiento y Jesús le contestó: «No, te basta con mi gracia». Se lo dejó hasta la muerte. Creo, casi con certeza, y es un pensamiento que muchos sostienen, que se trataba de un sufrimiento físico, un dolor físico. No sabemos cuál. Un agente de Satanás que le abofeteaba. Le duró hasta la muerte, el Señor se lo dejó. Le dio esta gracia para que la pudiera sobrellevar. Te basta con mi gracia. También le ha añadido una motivación, la santidad se perfecciona en el sufrimiento. *Virtus in infirmitate perficitur. Virtus*, «la virtud». Yo traduciría: «La santidad, –que es lo mismo– se perfecciona con el sufrimiento».

Nosotros creemos que podemos salvar el alma sin aportar también aquella contribución que san Pablo nos dice con palabras extremadamente claras, y que yo repito a todos los que sufren: «Completo en mi carne lo que falta a la Pasión de Cristo».

Esta frase evidentemente ha sido dicha por un santo, inspirada por el Espíritu Santo, porque es una palabra inspirada. Nadie de nosotros se habría atrevido a decir que a la Pasión de Cristo le falta algo. La contribución de nuestro sufrimiento, mayor o menor.

El Señor sabe dosificar los sufrimientos en base a la fuerza de las personas, por lo tanto, en la vida hay quien ha sufrido más y quien ha sufrido menos. El Señor lo sabe dosificar, pero todos tienen que hacer una contribución de sufrimiento para su salvación. Y esto es también algo que nos hace entender cómo la Virgen, que ha favorecido la redención de Jesús, ha aportado con su silencio, sin aparecer, una contribución continua de atroz sufrimiento. Los evangelios no hablan de ello, pero entendemos que es así, porque así la ha querido Jesús, también como su compañera en la misión de salvación, que ha obtenido mediante la Pasión y muerte en cruz. Nosotros no lo sabemos, pero es cierto que ha sido un aporte grandísimo, proporcionado a la misión que el Señor le ha encomendado que es ser su socia, su cooperadora en su misión de redención. ¡No es poco!

Los sufrimientos de María no los ha descrito nadie, pero mucho han contribuido a María las frases: «Oh, tú que pasas por la calle, mira si hay un sufrimiento parecido al mío».

Hay muchísimas estampitas de la Virgen de los dolores con Jesús en brazos o sin Jesús. A veces la llaman de los dolores, otras veces la llaman la Piedad. Parece realmente que esté diciendo: tú que pasas delante de mí, dime si hay en el mundo un sufrimiento parecido al mío. Nunca ha existido y nunca existirá en las personas humanas un sufrimiento parecido al sufrimiento de María, como su aporte a la redención.

María nos enseña cómo vencer las tentaciones del demonio

La Virgen llora porque, más allá de la Pasión de Cristo y otras muchas amonestaciones y lágrimas suyas, muchas personas van al infierno. Lo ha dicho en Fátima y en Međugorje.

Por esto llora. Llora por los que van al infierno, por aquellos por lo que ya no se puede hacer nada. Y llora también por los que están en el camino del pecado que los llevará, si no cambian, al infierno. Llora también por todas estas personas, con la esperanza de que cambien a tiempo, y que incluso, con la prisa del buen ladrón, por lo menos tengan aquel sentimiento de arrepentimiento en el último momento.

Ahora no recuerdo dónde ni cómo sucedió. Se trata de un hombre que se había ahorcado y tenía unos familiares realmente buenos que rezaban mucho por él, y una vez le fue revelado a uno de ellos que él, después de haberse atado la soga al cuello y a punto de dar la patada al taburete sobre el cual había subido para ahorcarse, tuvo un momento de arrepentimiento en el cual le había pedido perdón a Dios y este sencillo momento había sido suficiente para no evitarle el infierno. A saber cuánto purgatorio tuvo que padecer, pero evitó el infierno. Pobres de nosotros, si consideráramos esta posibilidad para convertirnos justo antes de morir. El evangelio nos dice: «Hijo, mantente siempre listo porque no sabes ni la hora ni el momento. No lo conoces. Siempre tienes que estar preparado».

A este propósito recuerdo la vida de san Luis Gonzaga que, cuando tenía doce años, estaba jugando con unos amigos en el patio. Pasó un sacerdote, le llamó y le dijo: «Oye, Luis, si te dijeran que dentro de una hora te vas a morir, tú, ¿qué harías?». Él contestó con toda naturalidad: «Seguiría jugando». Se sentía preparado, estaba preparado. No necesitaba ni ponerse a rezar ni confesarse. Seguiría jugando. Es un ejemplo significativo porque destaca justo las palabras del evangelio: «Estad siempre preparados, porque no sabéis ni el momento ni la hora». Nada que ver con aquel ya me convertiré antes de morir.

Mi párroco siempre me contaba la historia de un hombre que se llamaba Pedro, el cual estaba ingresado en el hospital y se quedó allí hasta la muerte. Ahora esto sería bastante más difícil porque los hospitales apenas pueden mandan a los enfermos a su casa. En fin, él iba todos los días al hospital, porque era el capellán del hospital, y siempre le decía: «Oye, ¿quieres confesarte?». «Padre, hay tiempo», le contestaba siempre. Cuando se murió, el capellán estaba delante de la puerta de ese pasillo del hospital, y también había otro sacerdote en el mismo pasillo, incluso casualmente había también un fraile franciscano que aquel día estaba de visita en el hospital. Con tres sacerdotes cerca, murió sin sacerdote. Hay tiempo. Hay tiempo. El refrán dice, quien tiene tiempo, no espere tiempo. Si ves que tienes algo que hacer, hazlo enseguida, si tienes tiempo para hacerlo.

III

María, Madre preocupada por nuestra salvación

María nos enseña que existe el infierno

El 13 de julio de 1917 la Virgen les dijo a los niños: «Habéis visto el infierno, donde van las almas de los pobres pecadores. Para salvarlos, el Señor quiere establecer en el mundo la devoción a mi Corazón Inmaculado». Esto evidencia que la Virgen quiere que todos los hombres se salven. Entonces, ¿por qué no todos quieren escuchar a la Virgen?

Bueno, hay quien la escucha y quién no. Hay muchos que la escuchan, pero naturalmente con respecto al número de los habitantes de la Tierra es una porción muy pequeña. También con respecto al número de los católicos es una porción pequeña, porque los católicos en este momento se encuentran en una crisis tremenda de fe, ya no creen ni siquiera en Dios.

Yo estaba habituado a una Italia católica, recuerdo cuando era un chico, ¡menuda diferencia! Han sido suficientes los dos referendos, sobre el divorcio y sobre el aborto, para dar la idea del derrumbe total de la fe. Aquí, por lo menos en Italia, sufrimos el derrumbe de las familias. Familias rotas, poquísimo porcentaje de nacimientos, casas vacías.

No sé si ya te lo he contado, no me acuerdo, yo iba a la montaña a Pietracamela. Eran seis parroquias cada una con su párroco, ahora hay un solo sacerdote para las seis. También en la ciudad de Módena están pensando en agrupar cuatro parroquias y hacer una sola. Algo así antes era inadmisible.

En una llamada de teléfono con el párroco, después de los saludos, le preguntaba: «¿Hay todavía juventud, como en mis tiempos? Una juventud próspera». Me contestó: «Ya no hay jóvenes. En tu calle, oficinas y casas vacías. Ya no hay familias, poquísimas familias. Esto es un desastre. ¿Cómo se puede pensar que haya devoción al Corazón Inmaculado de María si ya no se cree en Dios, si ya no se cree en el Evangelio?».

La Virgen especificó en Fátima: «El Señor quiere que mi Corazón Inmaculado sea honrado junto a su Corazón». La medalla Milagrosa ya muestra los dos corazones cerca, previendo. Ha sido una medalla realmente milagrosa, también por la inscripción, salió en 1830 y la Virgen inspiró la inscripción. Ella lo sugirió todo, lo hizo ver y la vidente solo obedeció. Era en francés: «Oh María, concebida sin pecado, ora por nosotros que recurrimos a ti». El dogma se definió en 1854, y cuatro años después ella lo confirmó: «Yo soy la Inmaculada Concepción».

La Virgen prevé, previene aquel derrumbe que hubo de la fe, un derrumbe tremendo. También en los tiempos del Concilio e inmediatamente después, en nuestras reuniones marianas sentíamos que todos los católicos marianos estábamos viviendo una crisis total de devoción a la Virgen. Ha habido realmente una crisis, tanto que, incluso aquel dicho de María: *Nunquam satis* («nunca tenemos bastante»), lo interpretaban: *De Maria, nunc satis,* «de María ya tenemos bastante».

Ha habido una verdadera crisis mariana, por lo que hay que valorar aún más que por parte de los miembros del Vaticano II se haya producido aquel maravilloso capítulo ocho de la *Lumen gentium.*

Has sido realmente una excepción en un momento de la real crisis mariana. También en la Universidad del Marianum se sigue notando la crisis, antes hacían cola para matricularse, ahora se cuenta con un número mínimo de personas. Todavía no ha terminado la crisis, pero creo que «finalmente mi Corazón Inmaculado triunfará», es decir, que llegará el triunfo del Corazón Inmaculado de María y entonces también este libro, lo que se publicará, será muy actual, especialmente por todo lo que hemos comentado esta mañana acerca de la actividad de María después de su muerte, tanto al lado de Jesús como, podemos decir, corredentora. Es otro título que todavía no ha pasado por la criba de las autoridades, desde un punto de vista pastoral sí es corredentora. Jesús la quiso asociada. Creo que tenemos este aspecto bien ilustrado, tanto en relación a su actividad al lado de Jesús, como a esta actividad póstuma lo cual es absolutamente incomprensible con respecto a todas las demás personas que mueren. Una vez muertos, ya está, su actividad en la tierra se termina, solo está la comunión de los santos, por la cual pueden recibir oraciones y pueden rezar. No pueden hacer otra cosa.

Entonces quería hacer una pequeña aclaración de lo que he hablado esta mañana, acerca de los sufrimientos, de la preciosidad de los sufrimientos. Aquella pequeña frase de María dicha a los niños: «Muchas almas van al infierno porque no hay quien rece o se sacrifique por ellas». E igual que Jesús, yo lo he visto, lo he tocado con mano, hay varias personas que van a buscar otras personas que viven sufriendo, con la intención de ofrecer sus sufrimientos para la salvación de los pecadores.

Conocí a un albañil que cuando se cayó del andamio, se rompió todo. Decía muchas blasfemias, y no se resignaba; luego, de repente, se convirtió en su misión, en su apostolado. Era siciliano, también escribió un libro, he incluso se habla de iniciar la causa de beatificación para él. Obispos y cardenales iban a hablar con él, no para consolarle porque estaba inmovilizado en la cama, sino para que él les consolara, iban a contarle sus problemas, sus sufrimientos, y él siempre tenía buenas palabras para todos. A mí también me dijo: «Sí, es mi misión, mi apostolado, ahora no podría entender otra forma de vida para mí que no sea esta».

¿Aceptó el sufrimiento?

¡Claro que sí! Antes solo se había opuesto con todas sus fuerzas, además su vida no había sido ejemplar. Era un albañil de aquellos que profieren muchas blasfemias, porque es un ambiente en el cual son comunes, uno toma la costumbre de los demás y quiere ser como los demás. Se cayó del andamio de una casa alta, se cayó y lo encontraron abajo, después de haberse dado golpes por todos los lados. Se había roto todo, así que al principio reaccionó con una rebelión absoluta, luego poco a poco, lo entendió e hizo de ello la razón de su vida.

Igual que Juana, nombre que doy a propósito, por lo común que es aquí en Italia, y conocido por las personas que rezan por ella. También en los ambientes misioneros es conocida, todos rezan por ella, por su liberación, pero ya muchas veces ha sido comunicado, no sé si a ella o a otros, que el Señor le dará la liberación, pero todavía no, todavía no es el momento, tendrá que esperar.

Quisiera nombrar a Jacinta, la cual dijo: «Los pecados que arrastran más almas al infierno son los de la carne. Vendrán modas que ofenderán a Jesús. Las personas que sirven a Dios no deben seguir la moda, la Iglesia no tiene moda, Jesús siempre es el mismo. Si los hombres supiesen lo que es la eternidad, cambiarían de vida. Los hombres se pierden porque no piensan en la muerte de Jesús y no hacen penitencia. Muchos matrimonios no son buenos, no gustan a Jesús, no son según Dios». Estas son las palabras de Jacinta. ¿Podría comentarlas?

¡Realmente se ve que era la Virgen la que la inspiraba, porque era una niña! Estas cosas se las dijo mientras estaba en el hospital de Lisboa donde murió. Si no me equivoco en 1917 tenía siete años, cuando murió habían pasado dos años, entonces tendría nueve años. Con nueve años nunca habría podido decir cosas como estas, si no se las hubieran inspirado. Considero que todo lo que ha dicho es exacto. Y yo lo completo también con la visión del infierno que tuvo santa Faustina, santa Faustina Kowalska. Es decir, que casi nadie de los que están en el infierno creían en su existencia, sino que muchos creen que con la muerte ya está, termina todo. Evidentemente todos los que se suicidan o piensan en el suicidio, no consideran que haya una vida en el más allá, ni lo piensan, para ellos no existe. Se la quitan. Basta. No se hable más.

Vaya, son errores fundamentales, fundamentales para toda la existencia, para el motivo de nuestra vida. No me canso de repetir algunas respuestas a las cuales tengo cariño.

No sé si también en Polonia estaba el catecismo de Pío X. ¡Qué gran diferencia había entre el catecismo de Pío X, tan sencillo que se aprendía de memoria, y el catecismo de la Iglesia católica, rico, sin duda, pero se usa el texto reducido! Han hecho bien en hacer el texto reducido, porque el texto integral es perfecto, pero incluso el reducido es difícil.

Las primeras respuestas.

Primera: *¿Quién te ha creado?* Me ha creado Dios.

Segunda pregunta de Pío X: *¿Con qué finalidad te ha creado Dios?* Me ha creado para conocerle, amarle, servirle en esta vida, y luego disfrutar de Él durante toda la eternidad.

Es suficiente una respuesta así para dar sentido a la existencia: ¿para qué estás en este mundo? La finalidad de tu existencia es conocer a Dios, amar a Dios, servir a Dios, es decir, obedecer sus leyes, sus mandamientos; estas son las funciones que tienes que desarrollar. ¡La razón de tu vida es esta! También ahora, aunque ya no pensemos en ello. Y también he notado que en toda la predicación hay una bajada espantosa de las homilías sobre los novísimos. Recuerdo que antes todos los ejercicios espirituales siempre comprendían una homilía: muerte, juicio, infierno y paraíso. No sé si esto también era costumbre en Polonia. En las parroquias había una predicación extraordinaria que normalmente duraba una semana, una especie de ejercicios espirituales para el pueblo, dirigidos al pueblo. Solían ser una o dos homilías al día y cada uno podía desempeñar sus tareas cotidianas. Recuerdo que siempre había homilías sobre los cuatro novísimos: muerte, juicio, infierno y paraíso. Vaya, son la base de todo. Ahora no se habla de ellos.

Ahora ya no se habla de ellos, la gente ya no cree en ellos, no ha oído hablar de ellos. Ha habido una crisis de predicación espantosa, así como hay una tremenda crisis en el clero, en el obispado y entre los cardenales. La Virgen en los mensajes al Cornacchiola de las Tre Fontane, habla de los tres: «Es una época de fortísima crisis del clero, del obispado, de los cardenales».

¿Qué podemos decir? Solo santa Faustina ha visto un lugar grande hecho para los sacerdotes, los obispos, los consagrados, un lugar grande en el infierno.

Me hacen reír los que quieren salvar a Judas. También esta mañana en misa leíamos la continuación de la oración sacerdotal de Jesús: «Nadie de ellos ha muerto, excepto el hijo de la perdición, para que se cumpliera la

Escritura». No tengo idea de a qué pasaje de la Escritura se refiere, no lo sé, porque no siempre hay referencias. Habría que saber profundizar también la Escritura, entonces las referencias aparecerían.

«Hijo de la perdición. Mejor habría sido para aquel hombre que no hubiera nacido». ¡Más condena que eso! Siempre lo digo. Y me preguntan: «¿Qué relación hay entre Judas y Satanás?». La misma que con todos nosotros.

Él, hasta la Última Cena, cuando Jesús le ofrece ese bocado, no estaba poseído por Satanás, pero obedecía a sus sugerencias. La mayor parte de los hombres que están en pecado, no son poseídos, son siervos, obedecen a las sugerencias del demonio. Luego, cuando Jesús le ofrece el trozo de pan, el evangelio dice: «Desde aquel momento Satanás entró en él». Desde aquel momento es poseído, antes no.

Muchas veces me interrogan: «¿Por qué Jesús eligió a Judas? ¿No sabía que era ladrón? Creo que la culpa mayor que lo ha llevado a la condenación era ser ladrón. Hasta le ha encomendado la bolsa del dinero. Y él robaba. Creo que Jesús lo eligió, sabiendo bien lo que era, pero esperaba su conversión. ¡Vamos! Veía sus milagros, oía sus instrucciones, él también iba a predicar con Jesús, él también ha hecho milagros y ha echado demonios. Tenía las mejores condiciones para convertirse. Pero no, no terminó así. Creo que el Señor lo eligió sabiendo que era un pecador, en la esperanza de que se convirtiera.

Me gustaría pedirle que comentara las palabras de Jacinta, que ha dicho que muchas personas van al infierno por los pecados de la carne.

La debilidad del hombre se manifiesta de muchas formas. Hay quien se convierte en un glotón, quien fuma, quien se dedica al juego o a la droga; pero como todos tienen estímulos sexuales, la culpa más común es la de la carne. Por eso san Alfonso nos dice: «Se va al infierno o por esa culpa, solo por esa, o no sin esa culpa». Entonces todos la tienen, todos. No es el pecado más grave, pero es el pecado más común. Hay pecados más graves. Uno que de profesión es asesino. Mata a la gente. ¡Vaya!

Recuerdo un juicio en Italia hace años, en el cual la persona fue condenada a cadena perpetua porque había matado, creo, a veintitrés personas a cambio de dinero. Al terminar el juicio, el juez le quiso hacer una pregunta de carácter humano. Le preguntó: «¿Usted no sentía remordimiento por las personas que mataba?». Y él contestó: «La primera vez un remordimiento fortísimo. La segunda menos, luego cada vez menos y al final nada». Le interesaba solo el dinero, y le pagaban; por lo tanto, él lo consideraba un trabajo como cualquier otro. Uno puede llegar a excesos como estos.

De todos modos, el pecado más común es el del sexo porque uno no tiene los estímulos naturales para fumar, para el juego, para otros vicios. No los tiene, los crea. En cambio, ese es un estímulo natural que tiene su ámbito en la familia. Hay que saber dominarlo, sobre todo si te entregas enteramente al Señor, pero hace falta oración continua, porque vemos que muchos sacerdotes dejan el ministerio. También he recibido la confesión de personas, no sé si sea verdad, que me hablaban de obispos. Me dijeron los nombres, dónde viven, y que se portan mal desde el punto de vista sexual. Es posible. Entonces aquella frase de san Alfonso de Ligorio, a mí me parece la más fuerte sobre el tema: «Se va al infierno o por eso, basta eso para ir al infierno, o no sin eso». Si uno va por otros motivos, también está ese.

Yo creo que esta niña de nueve años, Jacinta, fue inspirada para pronunciar esas palabras tan fuertes y que probablemente ella no sabía qué significaban, porque hay que tener en cuenta su ingenuidad. Ella no lo sabía o tenía un conocimiento muy pálido. Pero son palabras que hacen pensar, hacen pensar porque que lo diga un obispo como san Alfonso de Ligorio, obispo, profesor, doctor de moral, tiene un valor sin duda; pero que diga esas palabras, que en concreto son lo mismo, una niña de nueve años... Su inocencia es, desde luego, y lo diría aún más fuerte, incluso más convincente, porque hace falta mucha oración también en este aspecto.

No recuerdo bien si ya lo he dicho, nosotros también en la Acción Católica estábamos acostumbrados el 8 de diciembre, el día de la Inmaculada, a hacer voto de castidad por un año. Se renovaba todos los años y se llegaba así al matrimonio o al seminario o a la vida religiosa. Era un óptimo sistema, ciertamente un óptimo sistema.

Recuerdo que mi párroco tenía mucho interés en ello, él que tanto se dedicaba a la juventud, había aprendido el secreto del párroco. Se dedicaba por la mañana sobre todo a hacer visita a los enfermos y por la tarde, todas las tardes, estaba con los jóvenes. Nos enseñó que no son los hijos los que siguen a los padres, sino que son los padres los que siguen a los hijos. Yo, haciendo participar a los hijos, llenaba la iglesia también con los padres. Los padres siguen a los hijos cuando se trata de cosas buenas, tan buenas.

Incluso en las familias que estaban lejos de Dios, de la Iglesia, si tenían un enfermo y sabían que el párroco iba a visitarle, a hacerle compañía, entonces iba mucha gente. Era la forma para ganar a gente lejana. Es cierto, su parroquia es una parroquia muy floreciente. El cuidado sobre todo a los enfermos y la juventud masculina; dejaba la juventud femenina a su ayudante. Él se encargaba solo de la juventud masculina, ha sido un gran párroco. Sobre este tema no tendría nada más que añadir.

Ahora quisiera citar las palabras de sor Lucía. Ella redactó una carta para el P. Agustín Fuentes, el 22 de mayo de 1958, donde escribió estas palabras: «Padre, ¡cuántas almas caerán al infierno si no se reza y no se hace penitencia! Esta es la causa de la tristeza de la Virgen». Y luego sigue: «La Virgen me ha dicho muchas veces que muchas naciones desaparecerán de la faz de la Tierra. Las naciones sin Dios serán el flagelo elegido por Dios para castigar a la humanidad si nosotros por medio de la oración y de los sacramentos no conseguimos la gracia de su conversión».

Son todas palabras que, diría yo, no han sido escuchadas; sin embargo, eran advertencias claras que ya entonces la Virgen daba a la humanidad. Desde entonces hasta hoy la humanidad ha empeorado inmensamente, no ha seguido aquellos consejos que nos habrían salvado de los desastres, miremos aunque solo al primer consejo para evitar la II Guerra mundial. ¡Vamos! ¡Tampoco era tan difícil!

También aquel consejo de abrir y de publicar todo el tercer secreto de Fátima, en los años setenta, cuando la guerra ya había terminado, pero se vislumbraba lo que estamos viendo ahora, es decir, la Virgen avisó con mucha antelación que había que volver a Dios, creo que lo que auguró se cumplirá con los diez secretos de Međugorje. No sé si estarán tan especificadas en los diez secretos, pero creo que ocurrirán. En la parte del secreto que ha sido publicada, está también el episodio del atentado al Papa.

No niego que temo mucho por este Papa que se expone sin preocuparse. Hasta ahora le ha ido bien. No hay duda que, vaya donde vaya, los estados organizan un servicio muy estricto de vigilancia, pero (cuidado) hay que tener en cuenta a unos fanáticos como los del ISIS, para quienes morir es ser mártires. Los pilotos que dirigieron los dos aviones a estrellarse contra las torres de Nueva York, ya sabían que serían mártires. Tenían la certeza de morir mártires. Esta gente no tiene ningún miedo a la muerte, todo lo contrario, se infiltran en la muchedumbre, etc., porque saben que su muerte les enaltecerá.

Me gusta haberte recordado las palabras de Lucía, nos demuestra cómo la Virgen avisa con tiempo, ya había intentado abrirnos los ojos sobre nuestra situación.

Después de la II Guerra Mundial vivimos una buena época, pero ha sido también un periodo diría demasiado bueno desde un punto de vista económico. En los años de De Gasperi se hablaba del *boom* en Italia. No hay duda de que Italia y Alemania, las dos naciones que habían perdido la guerra, tenían un balance económico muy superior al de Inglaterra y Francia que había ganado la guerra. Esto también porque los Estados Unidos han sido listos con Alemania e Italia, vieron que las dos naciones estaban por los suelos y entonces enviaron ayuda, en cambio he visto el error fundamental que hicieron con Rusia. Cuando cayó el comunismo, mandaron películas pornográficas. Hemos recibido desde los Estados Unidos un ejemplo pésimo. Por ejemplo, unas películas que mostraban actrices que tenían tres, cuatro, cinco maridos. En nuestra tierra era algo que no existía en absoluto. Diría que desde Estados Unidos han tomado origen muchas cosas negativas que han influido profundamente en la sociedad europea. Y nosotros mirábamos allá como el país de la cucaña, y en efecto lo fue, basta con pensar en cuántos italianos y polacos emigraron a los Estados Unidos.

Recuerdo una anécdota del norte de Inglaterra, de Irlanda, que muchos fueron a los Estados Unidos y trabajaron como policías locales; se decía que cuando un sacerdote en los Estados Unidos faltaba, el policía le paraba y le daba como multa: «Diga tres Pater, Ave, Gloria». Es decir, que hacia lo que hace el sacerdote al dar la penitencia. ¿Por qué? Porque eran católicos, irlandeses y católicos.

Pero las cosas han cambiado. En Rusia ha llegado el

vicio, porque la Rusia bajo el comunismo era mucho mejor que Italia desde el punto de vista de la moralidad sexual. Cuando vino Breznev a Italia se escandalizó y recuerdo que dijo tres frases. Recuerdo solo dos, y eran tres frases que merecían realmente ser publicadas. También se publicaron, pero no se observaron:

1. Hemos ido a algún cine vuestro y con estas películas arruináis la moralidad de la población.
2. Observaba que se hacían muchas huelgas, una tras otra en Italia: ¿no os dais cuenta que con esta serie de huelgas arruináis la economía?

Luego no recuerdo la tercera advertencia que dio, el caso es que se comentaba: «Vaya, este jefe de los comunistas viene a darnos clase a nosotros, los católicos, cuando deberíamos ser nosotros los que les diéramos clases a los rusos». Por ejemplo, no había ciertos espectáculos. El cine no estaba tan desarrollado, pues en Rusia las películas corruptas no existían bajo el comunismo. Me había hecho amigo de algunas monjas rusas que me ilustraban la situación y me decían que, por ejemplo, había muchas representaciones, barrios que hacen teatro, representan obras.

Sabemos que Juan Pablo II fue actor él también. Nosotros también teníamos la costumbre durante la guerra, yo también he interpretado obras, muchas veces en la parroquia. Con ocho años hice mi debut en el teatro, y me fue muy útil, no hay duda. Teníamos el teatro parroquial, casi no había partidos de fútbol, muy pocos, y no había muchas cosas más, no se iba al cine, no había. Naturalmente tampoco había televisión. Entonces la gente se acercaba a los teatros parroquiales y asistía a nuestras obras. Y como contaban las monjas: «En Rusia es así», es decir, hay muchas formas de diversión sanas. No existe la corrupción que hay aquí, en Italia, en general en otras naciones no la hay. Ahora no sé cómo van las cosas allí porque sé que en Rusia se tiene mucho vicio al alcohol.

María nos enseña lo que hay que hacer para evitar el infierno

Sor Lucía, en la carta que he citado antes, escribe al P. Agustín Fuentes: «Ya es hora de que cada uno, por iniciativa propia, haga obras santas y reforme su vida según los llamamientos de la Virgen».

Este es un concepto sobre el cual ha vuelto muchas veces la Virgen. Simplemente es que no esperemos que sean los sacerdotes y los obispos, sois vosotros los que os tenéis que dedicar a la oración y a las obras buenas. Sois vosotros los que debéis obrar, vosotros.

Diría que este también es un punto a favor del concilio Vaticano II, se ha vuelto a poner en auge la obra del laicado. De hecho, todavía no está completamente vigente el Vaticano II, pues muchas cosas no están hechas, estamos muy atrás. Por ejemplo, se me ocurre ahora, y lo digo porque se me ocurre en este momento, *Lumen gentium* habla de los carismas y dice claramente que toca a los obispos cerciorarse de si existen y declarar si existe un verdadero carisma y añade que, sobre todo, hay que preocuparse de no apagar el espíritu. Yo sé de muchos casos carismáticos que han sido condenados y acallados por obispos, también casos recientes, muy recientes sin haberles antes interrogado y sin haber profundizado. Nada.

Un caso tremendo, no os digo dónde, de un obispo que tenía a un carismático que todas las mañanas asistía a su misa, entonces le tenía delante, delante de los ojos todos los días. Mandó en toda la diócesis proclamas contra él y contra lo que hacía, sin haberse entrevistado nunca con él, ni avisarle. Lamentablemente, y de eso pido disculpas, en la iglesia ha ocurrido y ocurre.

En Međugorje ocurrió un hecho lamentable en los primeros años, dos sacerdotes, frailes, fueron condenados por el obispo de Mostar porque estaban a favor de las apariciones de Međugorje. Pero sobre todo porque en Mostar no había antes una iglesia digamos que fuera una catedral. Él la hizo, pero la gente prefería ir todavía a la iglesia de los franciscanos y estos dos sacerdotes servían a la gente. Recibieron una condena sin condiciones, de parte del obispo, de sus superiores religiosos que los expulsaron de la orden. Más de 80 franciscanos protestaron contra su superior general por este hecho, fueron condenados incluso por la Santa Sede, y en este caso, lamentablemente, también entró Juan Pablo II que hacía lo que le decían, muchas veces. Nunca les han interrogado, nunca fueron sometidos a un juicio con la posibilidad de defenderse y de explicar sus razones. Los echaron del sacerdocio, de su orden religiosa. Luego se casaron.

Duele ver algo así que va en contra incluso de las leyes internacionales, que dicen claramente que cada uno tiene que ser juzgado antes de ser condenado, tiene que ser escuchado, tiene que haber, como dice también san Pablo, certeza. No recuerdo quién fue, pero una autoridad romana dijo: «Nosotros tenemos la costumbre, antes de condenar a uno, de escucharle y darle la posibilidad de explicar sus razones». No recuerdo en qué ocasión, ahora se me escapa, sea como sea, es una pena, pero en la Iglesia hay todavía mucho autoritarismo, mucho. Y hay también muchas apariciones marianas y muchos carismáticos que fueron bloqueados, condenados públicamente, sin razones, sin nada, porque es mucho más fácil. Recuerdo un obispo que me decía, hablando de un obispo vecino suyo que estaba estudiando la verdad por lo menos de ciertas apariciones: «Espero que la Virgen no aparezca nunca en mi diócesis, espero que no». Como si fuese algo negativo la aparición de la Virgen. Prefieren condenar directamente sin juzgar, sin ir a fondo, es mucho más fácil decir que es todo falso, en vez de estudiar el caso y ver lo que hay de verdadero y lo que hay de falso.

Y la Virgen aquí ha insistido en varias ocasiones: «No esperéis que sean vuestras autoridades religiosas las que os impulsen a la oración. No, tenéis que ser vosotros, tenéis que hacerlo vosotros».

Y luego sor Lucía escribe: «El demonio ha emprendido la lucha final en la cual uno de los dos saldrá

victorioso o derrotado. O estamos con Dios o estamos con el demonio».

Esto también es muy justo, y no puedo evitar recordar el desarrollo que ha habido después, en orden a estas mismas palabras de Lucía, por parte de la Virgen.

«Satanás quiere destrozar mis planes». ¡Cuántas veces lo ha dicho! «Quiere destrozar mis planes. Yo tengo que hacerme un ejército. Vosotros tenéis que ser mis soldados, mi ejército». También tenemos las palabras del Montfort, que hace mención a un ejército de María.

Te necesito, para que crezca este ejército para contrastar al demonio, porque el demonio trata de destruir mis planes que son crear un ejército de oración que, con el arma del Rosario, con el arma de la mortificación, con el arma de una vida según las leyes de Dios, venza los ataques del demonio. Eran palabras vivas, preciosas entonces, preciosas hoy, pero vemos que no han sido cumplidas. Por ende, ha habido una decadencia creciente alrededor de los dos referendos. Cuando se hizo el referendo sobre el divorcio, los que predicaban a favor decían: «Pensémoslo bien, sería otra cosa si se hiciera un referendo sobre el aborto. Sería otra cosa». Y luego ha sido lo mismo, porque ha habido un continuo empeoramiento que sigue todavía.

La Virgen dice: «Después de 30 años el mundo sigue empeorando, hoy está peor que hace 30 años cuando empecé a dar mis mensajes». Es una amarga constatación, muy amarga.

Luego sor Lucía escribió: «La Virgen me ha repetido que los medios últimos entregados al mundo son: el santo Rosario y la devoción al Corazón Inmaculado de María. Me dijo que, agotados los otros medios despreciados por los hombres, nos ofrece con temblor la última ancla de salvación: la Virgen santísima en persona, sus numerosas apariciones, sus lágrimas, los mensajes de los profetas esparcidos por todas las partes del mundo. Y la Virgen dijo además que, si no la escuchamos y seguimos con la ofensa, ya no seremos perdonados». Estas son las palabras de sor Lucía, escritas en 1958.

Todavía estamos a tiempo, solo hemos empeorado, no hemos tenido mínimamente en cuenta estas palabras. Por eso viene la Virgen personalmente, con sus apariciones, para amonestarnos y llamarnos.

A Međugorje vienen muchos millones de peregrinos de todo el mundo. Es gracioso, incluso peregrinos de naciones que tiene muy pocos católicos, pero atraídos por la Virgen. Ella se esfuerza, trabaja muchísimo. Algo veo también en este papa Francisco, él también se esfuerza, el pobre, va a todos lados, no hay duda que es un hombre de gran actividad.

Y la Virgen también, vaya si se esfuerza. Pero en general las apariciones son seguidas ante todo por la gente. Me hace gracia que muchos duden sobre Međugorje porque todavía no ha sido aprobada. Es ridículo. La Iglesia aprueba un fenómeno de este rango solo cuando se ha acabado, solo cuando se puede juzgar en su conjunto. Pero el evangelio nos ha dado una regla: por los frutos se conoce la planta. Y los frutos son excelentes, significa que la planta es excelente. Además, aquella regla según la cual cuando un pueblo, e incluimos también sacerdotes y obispos, creen en algo, habrá que creerlo. Vamos a ver, entre estos millones de peregrinos que han ido a Međugorje, hay muchos sacerdotes, obispos e incluso cardenales. Recuerdo, por ejemplo, el famoso discurso del cardenal de Viena. Decía: «¿Por qué creo yo en Međugorje? Porque veo que hombres que no pisaban el suelo de la iglesia volvían a Viena llevando en la mano la corona del rosario. Tenía vacío en el seminario, gracias a Međugorje se han llenado. Conversiones, vocaciones».

No ha hablado de verdaderos milagros sino de muchas gracias, muchas gracias. Conozco muchas parejas que no tenían hijos y después de haber estado en Međugorje los tuvieron. Gracias como estas hay muchas, y sobre todo conversiones. Claro, algunos me decían que no todos. Y yo les contesto que, evidentemente, no todos se convierten. La Virgen dijo también: «El tercer secreto será aquel signo del Podbro». Un signo milagroso que dieron los seis chicos. Dicen que es estupendo, bellísimo. La Virgen solo dijo: «Muchos vendrán a ver el signo, se arrodillarán delante del signo, pero no se convertirán».

Cabezas duras. Cabezas duras. Porque convertirse significa dejar el vicio, cambiar de vida, y muchos no están dispuestos a cambiar de vida. Viven en pecado, están bien así, dicen. Me lo creo poco porque sufrimientos ellos también los tienen, y sobre todo no tienen paz, no tienen serenidad interior. Y esto no es poco.

Creo que las personas más felices que han vivido en el mundo han sido los santos, también desde un punto de vista humano, de la serenidad. Desde un punto de vista humano, bellos, graciosos. Hay santos de todos los tipos, de todas las formas, a mi parecer son las personas más felices que haya habido en esta tierra.

Leía de Goethe, el famoso poeta que escribió el *Fausto:* «Hoy cumplo 80 años, no he tenido ninguna jornada serena». En otro momento leía a san Leonardo de Puerto Mauricio: «Hoy cumplo 80 años, no he tenido ningún día triste en mi vida». Menuda diferencia.

La Virgen nos ha dado los avisos con tiempo, según su palabra vendrá ella, incluso ella personalmente. Esto significa que sus avisos no han sido escuchados. Yo no quiero echarle la culpa a nadie, pero tampoco han sido divulgados. Sea como sea, no hay peor sordo el que no quiere oír. Por lo tanto, aunque los hubieran divulgado más no sé si se habrían seguido, tal vez en parte sí. En cambio, muchas cosas se descubren hoy con retraso. Nosotros decimos que cerramos el establo después que se hayan escapado los bueyes. ¿Vosotros también los decís? No. Significa que hemos llegado demasiado tarde, cuando ya no sirve de nada cerrar el establo. Ya no sirve.

Por suerte está aquella perla final de Fátima: «Finalmente mi Corazón Inmaculado triunfará. Rusia se convertirá». Cuántas cosas podría decirte sobre Rusia. Putin ya se ha convertido. Él quería incluso intervenir contra ISIS. Solo yo defiendo la cristiandad, los demás luchan contra mí: Italia, Francia, Inglaterra, desaprueban mis intervenciones, pero es que ellos no hacen nada. Cuando le propusimos mandar la Virgen de Fátima a Moscú, él contestó a ese pequeño grupo del que yo formaba parte que quería enviar la Virgen a Moscú: «Sí, sí, yo se lo propondré al patriarca de Moscú, pero si él no la quiere, la quiero yo». Se ve que él personalmente lo deseaba... pero no lo consiguió.

La última vez que vino a Roma para hablar con el Papa, quería hablarle de cosas espirituales, el Papa empezó enseguida su discurso sobre temas políticos: se fue corriendo. Tenía en el bolsillo la carta del patriarca de Moscú que invitaba al Papa a Moscú. No se la dio, no se la dio disgustado. Disgustado se marchó. Yo creo que él se ha convertido, pero tiene que tener en cuenta la gente que está con él, porque Rusia se convertirá. Yo pensaba en esta frase: «Rusia se convertirá», cuando era parte de aquel pequeño comité para llevar la Virgen de Fátima a Moscú. Había un jefe, un sacerdote de Canadá que fue muchas veces a hablar con Putin, murió de un infarto. Esto quiere decir que todavía no es el momento para que la Virgen vaya a Moscú, porque Rusia se convertirá. Quiere decir que antes ocurrirán algunas catástrofes, todavía no es el momento apropiado.

María nos defiende de los ataques del demonio

Ahora quisiera tocar este tema: la Virgen nos defiende de los ataques del demonio. Esto lo experimentamos personalmente. ¿Usted también, P. Amorth, ha podido experimentar en persona la

defensa de la Virgen durante las tentaciones o los ataques del demonio?

Diría que la Virgen nos defiende del demonio, pero no hay duda de que vivimos en una sociedad estropeada, que se pudre. Yo calculo que los chicos hasta los 10-11 años obedecen todavía a los padres, luego ya no. Después obedecen al entorno, a los compañeros de colegio, a los profesores, a los compañeros de trabajo, a los compañeros de oficina y quieren hacer lo que hacen los demás. Muchas veces san Pablo nos amonesta: «¡No tenéis que seguir a los demás! El cristiano tiene que ser diferente. No tenéis que seguir al mundo. El cristiano tiene que ser diferente, aunque hacerlo cueste».

Yo siempre llevaba, y me gloriaba, incluso cuando estaba prohibido por el fascismo, el escudo de la Acción Católica. Lo llevaba con orgullo y nunca he tenido problemas por ello. Hoy en día muchos se avergüenzan en un ambiente contrario a la fe, o en ambiente de estudio o de trabajo, de demostrar que son personas practicantes, se callan. Indudablemente en esto forma parte también el hecho de que el clero deje de llevar sotana, de mostrarse como sacerdote. Aquí quiero poner como ejemplo la Sociedad de san Pablo, solo te digo que en esta casa seremos unos ochenta y solo dos llevamos el hábito sacerdotal. Tú me ves así, sin el hábito, porque estoy en la enfermería, en un dormitorio, y voy en pijama. Cuando uno está en la habitación de una enfermería, es normal, así voy de esta manera ¡como un rey! Pero cada vez que salgo, llevo el hábito, nunca salgo sin él. Somos dos. Estoy yo, sacerdote, y luego hay un discípulo que siempre lleva el hábito. Aquí veo la caída del clero en lo de camuflarse, en querer ser como los demás, porque en el fondo el hábito, además de ser un testimonio, obliga también a cierto comportamiento. Uno sin el hábito está más cerca de dejar de comportarse como debería.

Recuerdo un franciscano, muy válido, que hablaba en televisión y del que incluso han empezado la causa de beatificación. Tenía mucha audiencia, se llamaba padre Mariano. Le he escuchado solo una vez y coincidido con él en lo que decía: «Se dice que no es el hábito el que hace al monje, muy justo, el hábito no hace al monje, pero el hábito hace que se reconozca al monje. Y así también al sacerdote. El hábito no hace al sacerdote, pero el hábito hace que reconozcamos al sacerdote».

La Virgen se esfuerza, ella personalmente, porque ha visto que los mensajes directos a las personas tienen una influencia limitada, pero hay realmente necesidad de cambiar la sociedad, y entonces trata de abarcar un ámbito más amplio.

¿Se refiere este cambio, al cambio de costumbres?

Exactamente. Hay un cambio de costumbres, de mentalidad.

Mira, hace treinta años que soy exorcista y he recibido muchas gracias. El que libera es el Señor. Nosotros, los exorcistas, no somos nadie, lo sabemos. El que libera es Dios. Es la única fuerza que tenemos: «En mi nombre echaréis a los demonios». «En el nombre de Jesús, Satanás, vete». Es él.

Creo que el mayor don que he recibido desde que soy exorcista ha sido volver a acercar a Dios a mucha gente, porque se da ese coloquio personal en el cual uno se encuentra en una situación de sufrimiento, porque está poseído o vejado:

—¿Vas a misa?

—No.

—¿Rezas?

—No.

—Querido hijo, yo te doy la receta: oración por la mañana y por la noche.

A uno que estaba realmente muy lejos, le dije: «Empieza poco a poco. Reza un Avemaría por la mañana y un Avemaría por la noche». Era un hombre de sesenta años, no era un niño. Me pareció incluso una exageración darle una oración tan pequeña.

La misa todos los domingos, la confesión. La Virgen de Međugorje dice: «Todos, por lo menos una vez al mes». Yo digo: «Tú, que te encuentras en esta situación, por lo menos cada quince días». «Pero yo no tengo pecados». «Bueno, confesándote, te conocerás cada vez mejor a ti mismo, y te darás cuenta de muchos pecados que nunca habías considerado. Por ejemplo: seguramente has tenido algún enfado y no lo has considerado. Y digo solo una de las cosas. ¿Has tenido momentos de pereza?, ¿has perdido tiempo? Es decir, uno culpándose aprende que hay muchas culpas veniales, si queremos, pero el Señor nos dice: "Sed santos como el Padre mío"».

Vaya, tenemos que mejorarnos a nosotros mismos. Si los santos se han hecho santos es porque nunca se pararon en el esfuerzo de mejorar. Cuando se murieron, todavía tenían defectos: o no se han dado cuenta, o no los han visto, o no les ha dado tiempo superarlos.

Es típico el ejemplo de san Francisco de Sales que se había dado cuenta de ser impulsivo. Luchó con todas sus fuerzas contra esta tendencia, y él mismo dice: «Me había convertido en la persona más mansa que hubiese en el mundo». Él mismo reconoció que para vencer su impulsividad, tardó veinte años, veinte años de lucha intensa contra esta tendencia suya que, de no haber sido ganada, le habría podido llevar incluso a cometer actos graves.

Se cuenta también de san Francisco de Sales que, cuando era estudiante en París, siempre tuvo la fuerte tentación de sentirse condenado. Un día notó que le estaba llegando esta idea de ser condenado, se dirigió a la Virgen, le pidió ayuda para que tuviera misericordia de él y que fuera ella también ante Dios su defensa. Cuando se dirigió a la Virgen con la oración de san Bernardo, «Recuerda, oh Virgen santísima...», notó dentro de sí la bondad de la Virgen, notó dentro de sí serenidad y paz en su corazón. Así venció esta tentación contra la cual había luchado durante mucho tiempo.

Es verdad que la devoción a la Virgen nos trae la paz y la serenidad. La Virgen entiende bien nuestra época y ha hecho lo imposible para frenar la carrera a la perdición. Este es el motivo por el que la Virgen llora, viendo toda esta muchedumbre que vive en el pecado, que vive lejos de Dios. Y ahora es una gran mayoría.

Yo veo sobre todo la situación italiana. Es una gran mayoría la que vive en el pecado. El precepto de la misa festiva, solo hay un porcentaje muy pequeño de italianos que lo observa. Por eso digo que el pueblo italiano es un pueblo de bautizados que viven como los paganos, que se portan como los paganos, no saben nada del Evangelio, no lo conocen. En cambio, si hablas con un mahometano acerca de temas de fe o de moral, siempre cita una frase del Corán, porque el Corán se lo saben de memoria. ¡Y se lo saben bien! Nosotros tenemos los evangelios donde es Jesús quien habla, y si no los leemos continuamente, ¿cómo hacemos? No conocemos las enseñanzas de Jesús, cómo se porta él. Si no leemos los evangelios, ¿dónde veremos los ejemplos que nos da Jesús? Dice san Juan en la primera Carta: «Si eres cristiano, te tienes que portar como se portó Jesús». Ya está, como la cosa más fácil del mundo.

La Virgen lo ve, lo ve todo. Con esto no quiero decir que la mayoría de las personas vaya al infierno, porque la misericordia de Dios es tan grande que hasta el último instante intenta alcanzar al hombre y atraerlo hacia sí. Entonces no se puede decir el porcentaje, pero de gente que vive en el pecado sí se puede decir: hay mucha más gente que vive en el pecado que la que vive en gracia de Dios.

En mis 30 años de exorcismos, mis mejores frutos, lo más importante que recibí no fueron las liberaciones, sino las conversiones. Muchas, realmente muchas. Y de eso sí que doy gracias al Señor, porque las conversiones son obra suya; las liberaciones también, pero las conversiones aún más.

También hay quien luego me ha dado la espalda. Han dejado de venir a verme, venían para que los liberara de sus males físicos, de sus dolencias y no para que los instruyera en las leyes del Evangelio. ¿Qué se le va a hacer? Se puede decir: «Señor yo los confío a tu misericordia, los confío a tu misericordia».

¿Usted ha podido experimentar personalmente la ayuda de la Virgen cuando notaba los ataques del demonio?

¡Claro que sí! Pensándolo ahora con mente fría me doy cuenta que muchas veces la Virgen me ha preservado del mal, me ha defendido del mal, de las caídas.

No he leído nunca un libro pornográfico, no he visto nunca una película pornográfica. He visto muchísimo cine y las películas que he visto, todas hermosas; además mis hermanos a veces me decían: «Mira, esa película es justo para ti». Por ejemplo, recuerdo la película *Bernadette*, sobre santa Bernardita, una obra maestra. O películas divertidas, recuerdo cuando mi madre me mandó a ver *Blancanieves y los siete enanitos*. No he visto nunca una película pornográfica, ni he leído algo, diría que la Virgen me ha preservado muchas veces, y también en los momentos de tentación me ayudaba. Por eso amo tanto aquella frase de Jesús en la oración sacerdotal de los apóstoles: «Padre, te ruego, no los quites del mundo sino presérvales del demonio».

Yo creo que muchas veces la Virgen me ha preservado del demonio, me ha impedido, a lo mejor estaba a punto de caer, ella me impidió caer, dándome un aumento de gracia y fuerza. Es cierto que siempre he sido muy devoto de la virgen. Recuerdo una de mis primeras confesiones en la que el sacerdote en el confesionario me dijo una frase que no olvidaré nunca: «Te llamas Gabriel, recuerda, tu deber es rezar el Avemaría». Vaya, no he olvidado nunca aquella frase y empecé a rezar el Rosario pronto, sobre los 11-12 años ya rezaba el Rosario todos los días.

También he necesitado ayuda, como un amigo que se hizo sacerdote, un sacerdote santo, ahora ha muerto, pero verdaderamente bueno que influyó mucho en mí, por ejemplo, sobre el tema del Rosario. Un día me miró extrañado: «¿Cómo es posible que no reces el Rosario todos los días?». Sentí vergüenza. Sí, lo rezaba de vez en cuando, pero luego lo recé también durante la guerra con el fusil en la mano. Y la Virgen me impulsada. Ya no te digo cómo me ha defendido personalmente del mal, me defendió durante la guerra. Me ha salvado la vida muchas veces. Yo que estaba condenado a muerte, a que me mataran en cualquier momento en que me encontraran, conseguí documentos falsos, como si nada. He vivido por lo menos dos o tres episodios muy graves. El primero gravísimo, y luego, cuando interrogaron a mi madre, le dijeron que me habían disparado por la espalda ciento veinte tiros mientras yo escapaba. Aquello lo recuerdo bien. Y yo decía: «Madre querida, ahora sí que veo tu fuerza, si me salvas. Y me he salvado, he huido, ninguna bala me alcanzó, me salvó la vida».

Estaba enamorado de una imagen de la Virgen de una iglesia donde iba muy a menudo. En la provincia de Módena hay un pueblo grande, que se llama Carpi. En la catedral, en una columna de la catedral, hay una imagen de la Virgen y debajo una frase de un famoso himno mariano: *«¡Ave Stella Maris! ¡Iter para tutum!»*, «protege nuestro viaje». Dame un camino seguro.

Podría contarte muchos episodios que he vivido, pero me saldría del camino. Cierto es que mi devoción mariana empezó de niño, pero siempre fue creciendo, creo que estoy creciendo todavía. Nunca terminamos, nunca. Creo que seguirá creciendo.

Usted, como exorcista, necesita siempre una fuerza desde arriba porque hay casos en los que las fuerzas humanas no bastan.

Mira, de esto hablaremos más tarde. Pero ahora que estamos en el tema solo te digo esto: nunca he tenido miedo y nunca he recibido golpes por parte del demonio. Por ejemplo, hace unos días, realicé un exorcismo tremendo con una mujer que estaba como loca. Tenía a quince personas para ayudarme. Entre ellos por lo menos cuatro o cinco hombres fuertes que la sujetaban. Y la Virgen siempre me ha protegido.

A veces he encontrado a personas furiosas y me tocaba exorcizarlas estando solo. Estaba solo. No eran curiosas, y luego calladas y calmadas, ojalá.

Pero ningún asalto contra mí, ningún asalto personal, en cambio hay algunos exorcistas que han recibido muchas palizas. Pero yo nunca tuve miedo, ni recibí golpes. Doy gracias al Señor y a la Virgen.

Antes de pasar a hablar sobre la ayuda de María durante los exorcismos, quisiera preguntarle si usted odia al demonio.

Oh, es una pregunta interesante que se me ha hecho muchas veces. Y también me suelen preguntar cuál es la relación de María con el demonio y si María también odia al demonio.

Contesto ahora mismo. La Biblia es clara: Dios ama a sus criaturas, entonces Dios ama también al demonio, pero lo desaprueba. Desde luego, es el que odia a Dios, lo detesta y hace todo el mal que puede odiando a Dios. Trata de arrastrar al nombre al infierno porque odia a Dios porque de por sí el demonio no odiaría al hombre, pero lo odia porque es amado por Dios. Sabe que Dios lo quiere llevar al paraíso, de donde ha sido expulsado, entonces por odio a Dios tienta al hombre. Dios no odia al demonio es el demonio quien odia a Dios. Un ejemplo práctico, consideremos un padre y una madre que tienen un hijo que se porta realmente mal. Siguen amándolo, pero no aprueban lo que él hace y también actúan en consecuencia. Igual lo echan de casa porque se porta mal, pero no lo odian.

Y ahora veamos a la Virgen. Es interesante, porque la Virgen, según dice el libro del Génesis, tiene una enemistad creada por Dios contra Satanás: «Pondré enemistad entre ti y la mujer». Una enemistad recíproca tanto de la Virgen hacia Satanás como de Satanás hacia la Virgen. Una enemistad creada por Dios. ¿Cuál es la actitud entonces? ¿Qué sentimientos tiene la Virgen hacia el demonio?

Ella también, siguiendo los sentimientos de Dios, ama a todas las criaturas creadas por Dios. Entonces, en cuanto criatura de Dios, la Virgen también ama al demonio; pero solo como criatura de Dios, porque desaprueba enteramente su obra y hace de todo para contrastar las actuaciones del demonio que se han ensañado tanto contra el hombre, contra la humanidad, para sacarlos de los planes de Dios que los quiere en el paraíso, y arrastrarlos al infierno. Así es como lucha con todas sus fuerzas contra esta perfidia del demonio, este comportamiento descolocado del demonio que quiere llevar al hombre a la perdición.

Esta es la actitud de María; no hay pues un sentimiento de rencor, de odio. No, no es posible. La Virgen también ama todo lo que Dios creó, pero también individúa si alguien se porta mal con Dios y desaprueba completamente este comportamiento equivocado hacia Dios que, en el caso del demonio, lleva al demonio a arrastrar al hombre al infierno por odio a Dios. Esta es la actitud de la Virgen y aquí podemos ver también el comportamiento de la Virgen en casos de posesión diabólica.

Antes de ocuparnos de la actitud de la Virgen en los casos de posesión diabólica, quiero recordar que

el demonio odia a la Virgen y lucha contra ella con todas sus fuerzas.

Sí. ¿Por qué odia a la Virgen? Porque él quiere arrastrar al hombre al infierno y se da cuenta de que la Virgen hace todo lo posible para impedírselo. Él quiere desarrollar, manifestar, su odio contra Dios, arrastrando la humanidad al infierno e identifica a la Virgen como la enemiga número uno que contrasta este esfuerzo en el cual él pone el máximo empeño. Por lo tanto, odia a la Virgen en cuanto ella hace de todo para impedirle esta acción mediante la cual él expresa su odio contra Dios, esta acción del demonio de querer llevar al hombre al infierno. La Virgen se pone en contra de esta acción del demonio y se convierte en barrera, trata de ser barrera, de salvar al hombre de esta acción de Satanás.

IV

La ayuda de María durante el exorcismo

Usted es exorcista desde hace muchos años, ¿durante los exorcismos ha podido experimentar la fuerza que tiene el nombre de María en la liberación de una persona poseída?

Claro, es la que trata de todas las maneras de protegernos del demonio, porque el demonio quiere arrastrarnos al infierno, incluso en sus actividades extraordinarias.

La actividad ordinaria del demonio es tentar al hombre con el pecado para llevarlo al infierno; la extraordinaria es causarle disturbios maléficos extraordinarios, o con la posesión diabólica, en que está casi la presencia del demonio en la persona, o con la vejación, que consiste en molestias graves en la persona causadas por el demonio. En estos casos también el demonio intenta llevar al hombre hacia sí, llevarlo a la desesperación, llevarlo incluso al suicidio y a veces lo consigue, porque llegado a cierto punto el hombre no aguanta las molestias que le provoca el demonio.

La manera ordinaria es la tentación para arrastrar al nombre al pecado, a ir al infierno. La tentación la tienen todos, en cambio las posesiones o las vejaciones diabólicas son de por sí muy limitadas con respecto al número de la humanidad. Estas formas también intenta actuarlas con la intención de llevar al hombre al infierno, siempre con este motivo. Ahí vemos que la Virgen, también en estos casos, viene en nuestro socorro.

Cuando ve al hombre sufriendo ella es muy sensible a nuestro sufrimiento, a los de las enfermedades y a los de todo tipo. Es muy sensible. No es que los quite todos, no, porque el sufrimiento, como ya hemos visto, tiene una razón en la vida del hombre. Es una razón que bien describe san Pablo, como ya vimos: completo en mi carne lo que falta a la Pasión de Cristo, es decir, que el sufrimiento, en la actual situación humana, se convierte en coeficiente de salvación. Cada hombre tiene que aportar su parte, más o menos grande, según las fuerzas de cada cual; el Señor sabe proporcionar los sufrimientos a la fuerza que el hombre tiene. El sufrimiento también es una parte, diría, necesaria, en la situación actual, una parte necesaria para la salvación.

Entonces no se puede decir que la Virgen quiera quitar todos los sufrimientos del mundo. No. No es posible.

Pero la Virgen ayuda a la persona a liberarse de los ataques del demonio.

En particular, ayuda a la liberación de los sufrimientos causados directamente por el demonio. Nos ayuda porque, a veces, ella puede ver lo que el Señor le permitir para la santificación de las personas.

Hoy es 13 de mayo, aniversario de Fátima. Aquí ya he recordado aquellas palabras de la Virgen a los pastorcitos: «Muchas almas van al infierno porque no hay nadie que rece y se sacrifique por ellas». Entonces la Virgen ve también que hay sufrimientos que a lo mejor han sido causados por el demonio, pero que el Señor los permite porque sabe que la persona se halla en grado de soportarlos y es capaz de encauzarlos a la salvación de las almas. Y entonces los permite. Así también la Virgen ayuda, sostiene, consuela, conforta, ayuda a soportarlos.

Aquí abro un pequeño paréntesis. Si la Virgen hubiera estado físicamente presente durante la oración de Jesús en el huerto y, sobre todo después, durante toda su Pasión, durante la flagelación, durante la coronación de espinas, durante la crucifixión, ¿cómo se habría portado? Yo no tengo dudas, habría animado a Jesús a aceptarlo todo de las manos del Padre. Es la voluntad de Dios, habría animado al hijo, y él lo necesitaba. Sabía bien cómo ofrecer al Padre sus sufrimientos.

Pensemos en la oración del huerto, tan insistente que le hizo sudar sangre: «Si es posible, aleja de mí este cáliz». Se ha insistido mucho en esta frase, pero siempre añadiendo: «Hágase tu voluntad, no la mía». Entonces, la Virgen, de haber asistido, habría insistido con valor: «Hijo mío, estás haciendo la voluntad de Dios que has aceptado, diciendo: hágase no mi voluntad sino tu voluntad. La has aceptado, libremente».

Claro que Jesús libremente ha aceptado la Pasión y la muerte. Si no tuviéramos claro este concepto, tendríamos algo oscuro en nuestra mente. La ha aceptado voluntariamente, se ha ofrecido para eso. María le habría animado, por así decirlo, aunque no lo necesitaba.

En algunos casos de sufrimiento, de los cuales la Virgen ve la utilidad, la ventaja, ella no los quita, aunque esas personas le recen para que les libere de aquel mal físico o de aquel mal maléfico. No obstante, no hay que dejar de rezarle a la Virgen; pero si la Virgen ve que aquella situación es un bien, no obrará el milagro. Sostiene, consuela, anima, exhorta.

Es evidente que la actitud de la Virgen está siempre en línea con la voluntad de Dios que es el supremo criterio que nos tiene que guiar en nuestras acciones.

Es una de las oraciones más importantes, ya incluida en el Padrenuestro: «Señor hágase tu voluntad, así en el cielo, así en la tierra», como lo hacen los ángeles, los santos, haz que lo hagamos nosotros también. Ellos lo hacen perfectamente, nosotros somos tan defectuosos, pero danos las gracias de hacer tu voluntad.

«Y en su voluntad está nuestra paz» es un verso de Dante en la *Divina Comedia,* dicen incluso el más bonito verso de toda la *Divina Comedia*. No se puede decir así, no, pero es muy significativo. Esto pese a que haya diferencia entre los santos, quién más, quién menos. San Pablo dice: «Mira un cielo estrellado, esta estrella que brilla más, aquella que brilla menos. Así pasa también en la resurrección de la carne. También en el paraíso habrá un santo más santo y un santo menos santo. También el santo menos santo tiene el máximo de santidad y la alegría que es capaz de aguantar. No desea y no podría soportar ni siquiera un granito más».

Y Dante pregunta: «¿Entonces hay algo de celo entre los santos, entre ellos?». No, en la voluntad de Dios está nuestra paz; por eso, aunque veamos diferencias, quien es rico, quien es pobre, quien tiene salud y quien no la tiene, no es una injusticia si nosotros pensamos que en la voluntad de Dios está nuestra paz. Si sabemos decir siempre: «Señor, hágase tu voluntad, siempre somos capaces de aceptar nuestro estado».

Y ahora volvamos a la Virgen.

Durante el exorcismo, cuando usted invoca la ayuda de la Virgen, ¿cómo reacciona el demonio?

A esto me gusta contestar. Reacciona de manera violenta, tanto que le hemos preguntado muchos exorcistas y recibimos siempre la misma respuesta:

—¿Por qué reaccionas con más rabia cuando invoco a la Virgen que cuando invoco a Jesucristo?

—Porque me siento más humillado viendo que me gana una mujer.

Se siente más humillado viendo que le gana una simple criatura, entonces reacciona con mucha más violencia, con una violencia que le obliga a marcharse; por lo tanto, realmente la Virgen es una ayuda muy fuerte para el exorcista, para obrar lo que el exorcista pide en el nombre de Jesús. Es lógico, el que libera del demonio es Jesús, pero la Virgen ayuda, acelera, recorta los tiempos. Interviene y mucho. Entonces el demonio, cuando se invoca a la Virgen se pone mucho más furioso que cuando se invoca a Jesús o a algún arcángel. Sí, porque a veces el demonio dice nombres, a veces son nombres bíblicos, otras veces lo dice con cierta ostentación: soy Lucifer. Lucifer no es un nombre de la Biblia, pero es una tradición general, es considerado el segundo demonio después de Satanás. Lucifer es un demonio fortísimo y cuando está Lucifer yo llamo también a los arcángeles. Últimamente me he encontrado luchando contra el demonio en una persona poseída de una forma muy fuerte. La sujetaban por lo menos seis hombres robustos, había una quincena de personas rezando en aquella ocasión, estaba furiosa con una fuerza sobrehumana. Ha tenido que confesar quién era, no lo había confesado nunca en los exorcismos precedentes; muchas veces hace falta cierto tiempo de exorcismos hasta que confiesan su nombre. Como confesó que era Asmodeo, empecé a invocar la ayuda del arcángel Rafael que en el libro bíblico de Tobías es el que encadena a Asmodeo, le encadena en el desierto. He invocado a Rafael, había que ver las reacciones fortísimas que había cuando le invocaba:

—Ven, arcángel Rafael, encadena a este Asmodeo.

Unas semanas después de aquel exorcismo, esta persona me ha hecho saber que aquel exorcismo había sido mucho más eficaz que todos los anteriores. Durante un periodo bastante largo se había encontrado bien, aunque no estaba liberada del todo. Cuando en la posesión está presente Satanás, sé que hay que invocar al arcángel Miguel que venció a Satanás. Ellos también son de ayuda, pero la ayuda de la Virgen es extraordinaria. Pensemos en la gran rivalidad creada, querida y aceptada por Dios: «Pondré enemistad entre ti y la mujer», como respuesta a la victoria que Satanás consiguió haciendo caer en la culpa a Adán y Eva. María es una ayuda que Dios da enseguida al hombre para resistir a Satanás; una ayuda que Dios da al hombre, a todos nosotros. Oh, qué hermosura, que fuerza podemos tener invocando a María. Añado también otra cosa, creo, y muchos son de mi opinión, que la oración más fuerte después de la santa misa, que es la oración más fuerte que existe, es el Rosario, el Rosario con esta repetición: «Ruega por nosotros».

De hecho, sor Lucía, en la carta que escribió al padre Fuentes en 1958, ha escrito: «Desde que la Virgen santísima ha dado gran eficacia al santo Rosario, no hay problema ni material ni espiritual, nacional o internacional, que no se pueda resolver con el santo Rosario y nuestros sacrificios. Rezado con amor y devoción consolará a María, secando muchas lágrimas de su Corazón Inmaculado».

Muy justa esta cita de las palabras que la Virgen le sugirió a Lucía de Fátima. Importantísimas son todas las apariciones, pero en especial estoy pensando en las apariciones de Međugorje, donde la Virgen se aparece cada día desde hace 35 años. ¡Y tanto! Diría que gana no solo a las apariciones de la Virgen de Laus, porque allí se aparece a una sola persona, no todos los días, pero durante más de cincuenta años. Bien, la Virgen también en Međugorje insiste mucho en el Rosario cotidiano. Yo también trato de impulsar al Rosario cotidiano a todas las personas que acuden a mí para recibir exorcismos.

La Virgen de Fátima ha dicho que las personas que rezan el Rosario testimonian que pertenecen a María y son su propiedad.

Sí, y añado que también el demonio ha manifestado su terror delante del Rosario. Una vez llegó a decir: «Si los hombres conocieran el poder del Rosario, yo estaría acabado».

Vaya, el demonio dice: «Si conocieran el poder del rosario... Yo, no podría hacer nada más».

Otra vez dijo: «Cada Avemaría hace temblar todo el infierno». Hombre, cada Avemaría bien dicha, no mascullada, hace temblar el infierno. Es el poder del Avemaría, la Virgen, la enemiga de Satanás, que Dios nos ha dado como ayuda contra las tentaciones, ante todo, las tentaciones, porque son las que sufrimos todos desde el nacimiento hasta la muerte.

Por eso hemos hablado también de las tentaciones de María, de si María había sido tentada por el demonio. Es cierto que es una criatura humana, tentada por el demonio. Al igual que haciéndose hombre, Jesús, se convirtió en criatura humana y fue tentado por el demonio.

Dios nos ha dado como barrera también a María, para que nos ayude en esta lucha. Y en eso vemos cómo María realmente es la colaboradora en toda la redención, porque esta ayuda suya que nos da contra las tentaciones y los ataques del demonio es continua. Después de su Asunción, para ella ha empezado una actividad nueva. En los pocos días previos a la bajada del Espíritu Santo, creo que los apóstoles no celebraron nunca la misa. Jesús acababa de ascender al cielo. Todavía le tenían muy presente, con ellos estaban María y la promesa del Espíritu Santo, le esperaban. Justo después, impulsados también por el Espíritu Santo, empezaron a celebrar la misa, haciendo actual la promesa de Jesús: «No os abandono. Estaré siempre con vosotros hasta el fin del mundo».

Mira, no me quiero quedar hablando de la Eucaristía, pues no terminaría nunca. Pero fijaos el portento que son todos los sagrarios del mundo, la facilidad que el hombre tiene para acercarse a Jesús vivo, verdadero, real, en cuerpo, sangre alma y divinidad.

Pero las iglesias deberían estar siempre llenas, como decía santa Teresita de Lisieux: «Si los hombres creyeran en la Eucaristía, todas las iglesias del mundo siempre estarían llenas, y haría falta el servicio de orden público para regular el vaivén de la gente, tanta sería la muchedumbre». Sin embargo, las iglesias están vacías, Jesús está solo, ha aceptado la soledad, ha aceptado enfrentarse a los sacrilegios eucarísticos; pero, sobre todo, para ayudar nuestra fe, ha realizado muchos centenares de milagros eucarísticos.

La Virgen es la que construye una barrera entre nosotros y Satanás. Trata de defendernos a toda costa de Satanás, y Satanás que lo sabe tiembla delante de María. A ella no le puede hacer nada, cuando estaba viva podía tentarla, ahora ya no. Ya no puede hacer nada, se siente completamente vencido, impotente, ganado por las cualidades de María.

¿Cómo reacciona el demonio cuando usted pronuncia el nombre de María? ¿Qué ha dicho durante el exorcismo acerca de la Virgen?

En algunas ocasiones el demonio se ve obligado a decir la verdad; por ejemplo, cuando frente a ciertas afirmaciones equivocadas del exorcista, el demonio le interrumpe en seco con una frase: «Tú no sabes nada. Tú no entiendes nada», significa que Dios le obliga a decir una verdad. Te pongo un ejemplo: estaba con mi maestro, el padre Cándido Amantini, cuando estaba a punto de echar un demonio y con su manera graciosa dijo:

—Vete, el Señor te ha preparado una casa bien calentita donde nunca tendrás frío.

El demonio le interrumpió:

—¡No sabes nada! No es él el que ha creado el infierno, hemos sido nosotros.

Me gustó ver una confirmación de los mensajes de la Virgen al Cornacchiola, en los cuales también repite: «No fue Dios el que creó el infierno, fueron los diablos».

Una vez le pregunté a un demonio:

—¿Tú también has contribuido a crear el infierno?

Me contestó:

—Hemos contribuido todos.

Han querido crear un lugar lejos de Dios, una distancia que no se mide en kilómetros, una distancia mucho más profunda, una lejanía eterna de Dios. La han creado ellos y aquí me refiero a las respuestas dadas al padre Cándido y a mí. Una vez el padre Cándido, en un momento en el cual veía que un demonio estaba obligado a hablar diciendo la verdad, le preguntó: «¿Cuáles son las cualidades de María que peor te sientan, las que mejor te vencen?». El demonio le refirió tres:

1. Es la más humilde de todas las criaturas.
2. Es la más pura de todas las criaturas.
3. Es la más obediente a Dios entre todas las criaturas.

A otro yo le pregunté: «Escucha, una vez un compañero tuyo me dijo estas tres cualidades de la Virgen. Yo te obligo en nombre de Jesús a que me digas cuál es la cuarta cualidad por la cual te gana». No tenía en la cabeza nada, no pude haberle sugerido algo y me contestó: «Siempre me gana. Es lo que peor me sienta, que siempre me gana porque nunca la ha rozado la más mínima sombra del pecado». Es admirable la finura de su lenguaje: «Nunca la ha rozado la más mínima sombra de pecado, por eso siempre me gana».

Cuando nosotros pecamos, incluso el pecado venial, obedecemos a Satanás, nos debilita, es obedecer a Satanás. Las imperfecciones humanas no son pecado, dependen de los límites de nuestra humanidad. El pecado venial es una culpa ligera, pero sigue siendo una culpa, y eso también se debe a una sugerencia de Satanás, es someterse a Satanás.

La Virgen nunca se ha sometido a Satanás, por eso el demonio le tiene pavor, porque siempre ha sido vencido por María, siempre.

Mirad, estas cuatro cualidades de María destacadas por el demonio, son una estupenda apología de María. Se podría realmente hacer una homilía sobre ellas, una meditación sobre estas cuatro cualidades especiales de la Virgen por las cuales Satanás es enteramente vencido por María. Además, nos enseñan los cuatro puntos en los cuales debemos insistir en nuestra vida interior, en nuestro comportamiento para desvelar a Satanás:

1. La humildad. Imitadme a mí que soy dócil y humilde de corazón.
2. La pureza.
3. La obediencia al padre. Mirad, como Dios, como Jesús nos muestra: el Padre mío siempre está conmigo, nunca me deja solo porque yo siempre hago su voluntad; como diciendo: si yo no hiciera su voluntad, me abandonaría.
4. Y también, no caigas ni siquiera en los pecados veniales, porque esos también son sujeción a Satanás.

Son enseñanza para nosotros las cuatro cualidades que tenemos que tratar de vivir para luchar contra el demonio.

También cuando se llega a una liberación, siempre es Cristo el que interviene, pero está la intercesión de María. Muchas veces no nos damos cuenta porque notamos que disminuye la fuerza de Satanás a la hora de hacer sufrir a la persona, y otras veces nos damos cuenta porque eso es debido a la devoción mariana de aquellas personas, a las oraciones marianas que hacen estas personas para ser liberadas. Entonces el demonio primero pierde fuerza, cada vez más, y luego se marcha.

¿Esto quiere decir que para ser liberada la persona no solo tiene que esperar una liberación por parte de un exorcista, sino que hace falta también la colaboración de la persona poseída o vejada?

¡Claro que sí! Esta pregunta también me gusta porque es muy importante. Siempre lo digo y también me lo confirman los otros compañeros exorcistas, que la mayor dificultad que encontramos los exorcistas muchas veces es la pasividad de las personas.

—Padre, tengo estos problemas, ¿los ve?

—Sí, sí, los veo.

—¿Es el demonio?

—Sí, es el demonio.

—¿Me libera?

—No, hijo, eres tú quien se libera, yo te ayudo, te enseño el camino, pero eres tú.

Jesús libera, pero es necesaria la colaboración del hombre. Por ejemplo, cuando encuentro a alguien, y me ocurre muchas veces, que no reza, no comulga, no se acerca a los sacramentos, digo:

—Perdona, ¿has sido bautizado?

—¿Entonces por qué no vives como cristiano? Yo te doy la receta: oraciones mañana y noche, misa festiva, por lo menos la festiva, confesión frecuente. La Virgen de Međugorje recomienda para todos la confesión por lo menos una vez al mes. Yo digo: tú, en esta condición de necesidad, por lo menos cada quince días, luego, si es necesario, incluso más a menudo. Haz esto y luego vuelve y yo te hago el exorcismo. Pero si tú no haces estas cosas es inútil que yo te practique el exorcismo, porque hay liberación solo si colaboras tú también; de lo contrario, mis exorcismos no valen, no cuentan.

¿Y rezar cotidianamente el Rosario?

Perdona, se me olvidaba. Siempre recomiendo también el Rosario, para empezar por lo menos uno a la semana. Lo recomiendo también a las familias, les digo que el Rosario en familia es muy eficaz.

Recuerdo cuando era un chico y pasaba por las calles de los pueblos hacia el atardecer, cuando el sol ya se estaba poniendo, por las ventanas abiertas se veía la luz encendida, se sentía la voz de las familias campesinas que rezaban todas las tardes el Rosario.

¡Qué lejos están aquellos tiempos! Parecen tiempos de la Edad media, no de mi juventud.

Al principio recomiendo, por lo menos el sábado o el domingo por la tarde, el Rosario en familia. Hay uno de los miembros afectado. Y a veces es toda la familia. Otras veces es un miembro, pero también en la casa así todos están afectados. Es importante.

Conozco una familia que tiene un mal maléfico tremendo. Son seis hijos, es una familia muy religiosa, familia santa, y con estos seis hijos todos rezan el Rosario. Son todos mayores y aun así están afectados. Por ejemplo, en el trabajo, ninguno de ellos consigue encontrar trabajo, todos tienen carrera y diploma, todos son buenos e inteligentes: siempre están a punto y luego se le esfuma. Los seis. El primer afectado fue el padre, había encontrado un trabajo importante y de dinero y luego se acabó. La madre también, toda la familia está afectada, pero rezan, rezan y rezan. Siempre les repito las palabras de la Virgen de Fátima a los tres pastorcitos acerca del valor de la oración y de los sacrificios: «Recordad, es vuestra misión. Pero como está afectada toda la familia, tratad de rezar el Rosario todos juntos». Y cuando están, lo hacen. Si no están todos, lo rezan los que están, los demás lo rezan por su cuenta.

¡Claro que rezan el Rosario! Tienen problemas en todos los frentes, en el trabajo y en los sentimientos –ninguno de ellos tiene novia ni se casa. Y ya tienen edad, más que madura para el matrimonio. Nada de trabajo, nada de formar una familia–. Sin embargo, tienen la ayuda del Señor y la ayuda de la Virgen, no pierden el ánimo, pero ya empiezan a pensar que su vida seguirá así hasta el final. Empiezan a pensar que es posible que nunca lleguen a liberarse de estas tremendas maldiciones.

También ocurre esto, pues muchas veces hay personas que reciben maleficios no por su culpa sino por culpa de las personas que se los echan. Estos que los hacen cometen pecados gravísimos. Los que los reciben no tienen ninguna culpa, pero padecen estos sufrimientos, pero si se sigue unido al Señor, se puede seguir adelante.

Lo suelo ver también cuando hay algún sacerdote o religioso o monja que abandonan su vocación, pues siempre empiezan por la oración, dejan la oración y enseguida abandonan el Rosario, no lo vuelven a rezar. Se alejan de la Virgen, aunque la Virgen intenta ayudarles. Rechazan la ayuda que en cambio debería ser buscada. Claro que sí: «¡Ruega por nosotros!». La Virgen nos anima, pero nosotros tenemos que pedir su ayuda.

Por ejemplo, me acuerdo de eso cada vez que el mensaje del 25 de mes en Međugorje termina: «Gracias por haber acogido mi llamada». Se lo repito a la muchedumbre que asiste, desde 1984, al grupo de oración de Međugorje que se reúne aquí en Roma el último sábado del mes; les explico los mensajes de la Virgen desde 1984. Todos los meses: «Gracias por haber acogido la llamada. Estáis aquí porque la Virgen os ha llamado, es la Virgen quien os ha llamado». Muchas veces, después de esta observación mía, he recibido confidencias en privado: «Sabe, padre, esa frase es cierta. Yo pasaba por delante de la iglesia, por casualidad, y no sabía que hubiese esta oración especial. Tres horas de oración conforme a Međugorje. No lo sabía, sin embargo, he entrado y me he quedado. Es cierto, es la Virgen quien me ha llamado».

Es la Virgen la que nos llama, ella nos anima a rezarle, a que nos acerquemos a ella, a escucharla. Ojalá se hubiesen escuchado los mensajes de la Virgen, los que leímos antes; por ejemplo, los entregados a Lucía, cuando todavía estábamos a tiempo de dar marcha atrás y volver a una vida intensa de unión con Dios, de obediencia a Dios.

Pero nos despegamos cada día más, no hemos hecho caso a estos consejos que la Virgen nos había dado con antelación. Sin embargo, ya teníamos las instrucciones con los consejos que nos dio para evitar la II Guerra mundial. No los seguimos y hubo una II Guerra mundial. Habría podido evitarse. La I Guerra mundial el papa Benedicto XV la definió como un inútil estrago. La guerra no tiene un ganador, todos pierden, el que gana y el que es vencido, son todos perdedores. No hay otra salida, solo perdemos. Aun así el hombre, toda la vida humana, cuando estudiamos la historia, es una guerra tras otra. El estudio tal y como se hace todavía en las escuelas, en los libros de texto, es de una guerra tras otra. A lo mejor sería oportuno hacer una historia humana bajo diferentes aspectos, por ejemplo, sobre el progreso que se ha alcanzado. Está claro, hemos pasado de la Edad de la piedra a la Edad de los rascacielos, por poner un ejemplo. Pero no, la historia que se estudia es una guerra tras otra.

No sabemos si veremos cumplida esta gran frase de la Virgen: «Al final mi Corazón triunfará. Rusia se convertirá que habrá para la humanidad un periodo de paz»; si veremos un tiempo en el que se pueda decir que en todo el mundo hay paz. Hasta ahora tenemos que decir que en el mundo no ha habido nunca un año sin guerra, nunca. ¡Será posible!

Usted ha escrito en uno de sus libros que, durante el exorcismo, el demonio no pronuncia el nombre de María.

Sí, la llama «ella» o «tu Señora». «Ella», al igual que Dios es «Él», o Jesús es «él», o también «tu Señor». El demonio no pronuncia nunca el nombre de Jesús o de María, creo que le ardería la lengua en la boca, si tuviera lengua. Es puro espíritu, no tiene lengua. No puede decirlos, está demasiado lejos, es su enemigo, es enemigo y ha sido vencido por Jesús y por María. Se da perfectamente cuenta de ser un vencido.

¿Entonces por qué se ensaña tanto contra el hombre? El tiempo para él es diferente a nuestro cómputo. Por ejemplo, para nosotros desde Jesús hasta hoy, dos mil años, nos parece un periodo largo. Yo creo que, para san Pedro que está en el paraíso desde hace dos mil años, este periodo ha pasado como un solo día, porque nosotros en esta tierra tenemos los límites del tiempo y del espacio. Luego estos dos límites dejarán de existir.

Entonces el demonio sabe que le queda poco tiempo hasta el fin del mundo. Pero en este poco tiempo tiene unas épocas en las cuales se desencadena más. No hay duda, esta es una de esas épocas, creo yo, de máximo desencadenamiento del demonio, porque abarca todo el mundo, todas las naciones.

Hasta los mahometanos; de hecho, vemos crisis en todas las religiones, todas están menguando, todas sin excepciones.

La Virgen nos hace pensar en este periodo de paz que vendrá después asegurarnos que realmente habrá una paz para todo el mundo: ¿cuánto durará? No lo sabemos, pero damos gracias al Señor por poder pensar en este triunfo del Corazón Inmaculado de María que nos da valor y confianza incluso frente al pensamiento de los castigos que nos da Dios para llamar a sí a la humanidad.

Quisiera que usted explicara por qué invocar el nombre de María durante los exorcismos es tan eficaz.

Creo que todos los exorcistas lo han introducido porque está también en los textos oficiales de los exorcismos; tanto en el antiguo ritual, el que yo siempre he usado, y sigo usando, el de 1614, como en el nuevo, es más, en el nuevo hay mucha más presencia porque desde entonces ha habido un mayor desarrollo de la mariología.

Desde siempre los que han hecho oraciones de liberación o de exorcismo se han dado cuenta de la gran eficacia, diría de la necesidad, del nombre de María, de la intervención de María, de la oración a María que tiene que preceder al exorcismo. Añado que ahora hay tanta solicitud que nos vemos obligados a hacer las cosas con prisa.

Viene uno que ya sabemos que necesita exorcismo porque le hemos practicado exorcismo muchas veces, empezamos súbito el exorcismo invitándole a sentarse. Antes había mucha menos necesidad, menos solicitudes, eran exorcismos mucho más solemnes; por ejemplo, he publicado más veces acerca de un exorcismo que tampoco es muy antiguo, es del siglo pasado, de la famosa endemoniada de Piacenza. El exorcista, cada vez que llegaba la endemoniada a la iglesia, por lo general se acababa de confesar o la confesaba entonces, luego celebraba la misa, le daba la comunión, seguía rezando y luego procedía con el exorcismo. Quiero decir, había toda una preparación de oración que ayudaba indudablemente al éxito del exorcismo.

No sé si puede ser interesante saber lo que hacían ciertos santos, saber, por ejemplo, cómo echaba a los demonios el padre Leopoldo. No sé si es conocido en vuestra zona. Incluso en este último periodo cuando los dos cuerpos de padre Pío y padre Leopoldo han sido llevados a diferentes sitios; hay que destacar que son contemporáneos, eran los dos más importantes confesores del mundo, con dos métodos de confesión muy diferentes, sin embargo, ambos son santos y ambos eran exorcistas.

Fui muchas veces a Padua donde vivía el padre Leopoldo, en su capilla, donde a menudo el exorcista de Padua iba a practicar los exorcismos y le pedía que, por favor, si tenía tiempo, le asistiera. El padre Leopoldo se quedaba siempre en silencio, rezando, asistía al exorcismo en el cual el exorcista hacia todo lo que podía. Finalmente, el padre Leopoldo decía simplemente: «¡Vete! ¡Vete!». Y el demonio se marchaba.

Mira, yo envidio esta facilidad que depende de su santidad. Muchos santos eran así, también santa Catalina de Siena, que no era ni sacerdote ni exorcista y sin embargo tenía el poder de echar a los demonios.

El ejemplo más grande es el de san Benito que no era exorcista, ni siquiera sacerdote, era monje.

Entonces, los monjes tenían muy pocos sacerdotes, solo los que eran necesarios para celebrar las misas en la comunidad. Eran muy pocos porque los monjes no eran sacerdotes, estaban consagrados a Dios. Él tenía una fuerza tal contra los demonios que después de su muerte se hizo una medalla de san Benito contra los demonios y fue nombrado patrón de los exorcistas. Hay que destacar no solo que él nunca fue exorcista, sino que también en todos los estudios históricos que se han hecho, nunca en la historia de la Iglesia se ha nombrado un patrón de los exorcistas. Pero está así considerado por su gran potencia contra el demonio. Depende de su santidad, no hay duda de que, si nosotros fuéramos santos, haríamos mucho más, muchísimo más, pero somos pobres criaturas, hacemos lo que podemos, confiando mucho en la autoridad que nos confiere el nombramiento por parte de la Iglesia. Actuamos en nombre de Jesús, pero bajo la solicitud, el nombramiento, de la Iglesia.

Un exorcista tiene que estar autorizado por un obispo, de lo contrario no hay exorcismo. Se pueden hacer, esos sí y aquí no entro más en detalle, las oraciones de liberación que las puede hacer cualquiera.

Antes de pasar a este tema, quisiera preguntar si una de las señales de la posesión o de la vejación es una fuerte aversión hacia Dios y la Virgen. Por ejemplo, estas personas no son capaces de rezar el Avemaría, etc. ¿Es eso cierto?

Algunas veces, pues hay mucha diferencia entre caso y caso. Yo considero cuatro motivos por los cuales uno puede caer en la posesión o en la vejación diabólica. En dos de ellos el afectado es inocente y entonces es posible que siga rezando; por ejemplo, cuando uno es poseído o vejado por voluntad de Dios, para que ofrezca sacrificios y sufrimientos por los pecadores. Hay muchos santos y beatos, algunos bastante recientes, que sufrieron males maléficos, pienso por ejemplo en santa Gema Galgani o también el padre Pío y el cura de Ars. Al cura de Ars el demonio lo golpeaba y le empujaba muchas veces debajo de la cama; también el padre Pío sufrió cosas por el estilo. Nunca recibieron maleficios, fue el Señor el que lo permitió ante todo para su santificación, por el bien que hacían, para sus sufrimientos ofrecidos por los pecadores. Indudablemente esta gran potencia que tenían los dos más grandes confesores que he nombrado antes, el padre Pío y el padre Leopoldo, era debida también a sus sufrimientos.

El padre Pío sufría mucho por los estigmas. Fui a verle durante veintiséis años mientras vivía. Yo le hacía todo tipo de travesuras y él las aceptaba, le acariciaba la barba y le besaba. ¡Gran hombre de Dios! Recuerdo lo que sufría en misa cuando, justo después de la consagración del pan y del vino, se arrodillaba. Hacía un esfuerzo tremendo para levantarse, pero se arrodillaba hasta el suelo, pese a que sus hermanos le dijeran que no era necesario que lo hiciera. En el momento del *Confiteor* se golpeaba el pecho con tal fuerza que sentía el dolor en la llaga de la mano. A la altura del corazón, tenía también el pecho herido. En fin, estos santos, tienen el permiso de Dios, entonces ninguna culpa.

La otra situación inocente es cuando uno recibe un maleficio de otro. Es como el caso de los asesinos a sueldo, que Dios no impide que existan. Nos creó con la libertad de obrar el bien y el mal, podemos, no lo impide. Así yo puedo pagar un aliado de Satanás –un mago, un cartomántico, un médium, un brujo– para que lance un maleficio contra otra persona. Y Dios no debe impedirlo. Puede impedirlo, y muchas veces lo hace, pero puede no hacerlo. La persona no tiene culpa ninguna, el que es afectado por el maleficio, entonces puede seguir con su vida de oración, de sacramentos, etc.

Algunas veces le resulta todo más difícil porque, a lo mejor, entrando en la iglesia se desmaya, es el demonio que se lo impide. Se acercan a la comunión y se le cierra la boca con fuerza. Algunas veces el sacerdote tiene que insistir: «Te lo impongo en el nombre de Jesús». Entonces espera, abre la boca y consigue recibir la comunión. Pero no tienen culpa ninguna, han ido a la iglesia, a misa, se han acercado a la comunión, lo querían.

Estos son los dos casos en los cuales uno puede ser afectado sin culpa suya.

Luego están los otros dos casos en los cuales uno es culpable, por ejemplo, el que se acerca al ocultismo. Muchos jóvenes siguen a los cantantes de rock satánico, hay muchos, muchos grupos rock satánico y plazas enteras llenas de jóvenes y no tan jóvenes que se ven exaltados por estas canciones, estas músicas. Sesiones espiritistas, sectas satánicas. Y sus seguidores, evidentemente terminan afectados por el demonio, por su culpa. Estos ya estaban antes lejos de la oración y de los sacramentos, y siguen estando lejos.

Luego hay una cuarta causa, también la persistencia en los pecados, sobre todo de ciertos pecados, la insistencia en ellos. También casos de posesiones demoníacas en mujeres que además de perseverar en el pecado, muchos contra el sexto mandamiento, mujeres que se dan a todos. Cuando además hay aborto, es un agravio fortísimo, entonces en estos casos se puede llegar a la posesión.

Es el caso de Judas, que no se convirtió a pesar de todas las señales que le dio Jesús. Podía obrar milagros en el nombre de Jesús, echar demonios en el nombre de Jesús, etc., no se convirtió, se volvió más cabezón en su pecado. Sabemos que era el pecado de robar, era un ladrón. Mirad, el afán por el dinero es tremendo; por eso Jesús dice: «Es más fácil que un camello pase por el ojo de la aguja que un rico se salve». Por rico entiende el que tiene afán de dinero, un deseo insaciable; de hecho, los ricos son generalmente muy avaros, los pobres no. Los pobres suelen ser muy sensibles frente al que es más pobre que ellos. Los ricos no, nunca tienen bastante, nunca tienen suficiente. Judas tenía aquella culpa, tal vez también otras más, no lo sé, el caso es que llega al punto en que Satanás entra en él, al final sufrió de posesión diabólica.

En estos dos casos de culpa está el alejamiento completo de la oración, de los sacramentos, ya desde antes, antes de la influencia, de la entrada del demonio. Y como estaba de antes es muy difícil hacerles regresar. Es muy duro y a veces se niegan, incluso teniendo dolores atroces, sobre todo en los casos de vejación, en los cuales no está la presencia del demonio, pero padecen sufrimientos causados por el demonio y son los amigos, los familiares, los conocidos quienes los invitan a ir al exorcista y ellos no van.

No vuelven a entrar en una iglesia, no se acercan a los sacerdotes, un rechazo total.

Otras veces no consiguen ir, yo he tenido algún caso de personas que lo rechazaban; pero luego una llamada extraordinaria de la Virgen les confirió la fuerza, la curiosidad para ir a Međugorje. Y después de visitar el santuario fueron al sacerdote, empezaron a someterse a los exorcismos, antes no, no querían ir.

La Virgen no abandona tampoco en estos casos de posesiones diabólicas queridas, causadas por la persona misma, posiciones culpables, la Virgen nunca desespera. Tampoco desespera nunca la misericordia de Dios que, hasta el último instante de vida, hasta el último respiro, trata de lograr el arrepentimiento de la persona, intenta a toda costa salvarla.

Por eso la Virgen ha sugerido, justo a la Virgen de Fátima, de la cual hoy celebramos el aniversario, aquella oración tan bella; la ha entregado para que la rezáramos después de los misterios del Rosario: «Jesús mío, perdona nuestras culpas (ante todo la petición de perdón). Protégenos del demonio. Protégenos del infierno. Y salva todas las almas, sobre todo las más necesitadas de tu misericordia».

Es una oración breve, que ha sido difundida en todo el mundo; en todos los Rosarios que aquí en Italia se transmiten por televisión, a diferentes horas del día, son muy útiles. Nosotros también, en nuestra comunidad de enfermos, a las cuatro de la tarde ponemos Tele Pace y contestamos al Rosario que se transmite por televisión. Luego hay otro transmitido desde Lourdes, otro transmitido de Palestina más de uno transmitido por Radio María; siempre en estos Rosarios, al finalizar cada misterio, se reza aquella oración: «Jesús mío, perdona nuestras culpas. Protégenos del demonio. Protégenos del infierno. Y salva todas las almas, sobre todo las más necesitadas de tu misericordia».

Es una oración tan breve y tan intensa, diría casi completa para nosotros y para los demás, especialmente para los que están más en riesgo porque viven en el pecado, normalmente pecado mortal, que están expuestos al riesgo. *Los más necesitados de tu misericordia.*

V

Oraciones de liberación por la intercesión de María

Ahora nos ocupamos de la oración de liberación por la intercesión de María. Usted ha dicho que la Virgen de Međugorje ha pedido que se rece por los que están bajo el poder de Satanás. ¿Por qué para liberar a los que están bajo el poder del demonio es necesaria la intercesión de María?

Hay que tener presentes dos realidades. La primera realidad es que Jesús ha entregado, primero a los doce apóstoles, luego a los setenta y dos discípulos y más tarde a todos, el poder de echar al demonio. Al final del evangelio de Marcos lo dice: «Los que creen en mí» (Mc 16,17).

La primera condición es que uno tenga una gran fe en Jesús, que sea hombre o mujer, joven o viejo, no importa. En mi nombre (es decir, la fuerza es el nombre de Jesús; también para nosotros exorcistas la fuerza está toda allí, en el nombre de Jesús), *echarán a los demonios*. En los primeros tres siglos todos rezaban estas oraciones, todos, tenían una gran influencia para hacer prosélitos. Por ejemplo, vemos a Orígenes y a Tertuliano que se jactan ante los paganos: «Vosotros invocáis a vuestros dioses, a vuestros emperadores, no liberáis a nadie del maligno. En cambio, nosotros, en el nombre de Jesús, liberamos del maligno».

También era una manera para atraer al cristianismo. Tanto que, ya nos lo dice Orígenes: «Nosotros, en el nombre de Jesús, que nació de María Virgen, padeció bajo Poncio Pilato, murió y resucitó», es decir, ya contiene una brevísima síntesis de la vida de Jesús. Creo que estas síntesis de la vida de Jesús hechas para echar a los demonios han contribuido a la formación del Credo, especialmente del primer Credo, el símbolo apostólico. A decir verdad, es el que yo prefiero; y también el que prefiere la Virgen de Medugorje. Le han preguntado el motivo y ella ha contestado que porque están todas las verdades de la fe. El otro Credo es más complejo, más difícil, etc. Es más completo en las cosas que dice, pero faltan muchas otras, no está completo, especialmente en la parte final, las seis peticiones finales del Credo apostólico. ¡Desde luego!

Hay que destacar que el poder de echar a los demonios se dio a todos, lo dio Jesucristo. Es muy importante; a muchos obispos se les olvida, lamentablemente. Prohíben las oraciones de liberación, yendo en contra del evangelio. Mc 16,17 es la praxis de los primeros tres siglos.

La Iglesia ha instituido el sacramental, la Iglesia, no Jesucristo, el sacramental del exorcismo. También hay que destacar que, al principio, diría durante los primeros siete siglos, el número de exorcistas era tal que no había dificultad en encontrar uno. Al contrario, el sacerdote exorcista era ayudado por otros sacerdotes que le asistían, así cuando se moría o lo dejaba, ya estaban preparados; los otros sacerdotes ya tenían práctica y estaban preparados, el obispo les nombraba y continuaban este ministerio. Luego han empezado los derrumbes.

El Papa autorizó la tortura a los heréticos, el papa Juan XXII, tanto que después de él han tenido que pasar muchos siglos hasta volver a tener el nombre de Juan, por ese motivo. Luego incluso peor, otro Papa que unos siglos después, autorizó la entrega de los heréticos al brazo secular: la hoguera. Y las que antes eran llamadas «buenas mujeres» terminaban condenadas a la hoguera. Sabéis que también una santa fue condenada a la hoguera, santa Juana de Arco, como herética, con el permiso de un Papa.

Todo estaba demonizado de una manera exagerada, así se produjo la reacción de quitar completamente la asistencia del demonio y del infierno. Se explican las grandes corrientes del iluminismo, del racionalismo, y en estos últimos tiempos del comunismo que ha sido tremendo. Se ha borrado todo, los exorcistas han desaparecido casi completamente. Me considero idealmente el seguidor de un exorcista español, beatificado por Juan Pablo II en 1988, un carmelita, padre Francisco Palau y Quer, que se dio cuenta que desde hace tres siglos casi no quedaban exorcistas. El último que había sido nombrado exorcista recibió una casa en la cual reunía a todos los locos y los exorcizaba a todos. Los que estaban poseídos por el demonio llegaban y volvían a su casa; los que estaban enfermos eran curados por médicos voluntarios, luego llegó también un obispo que prohibió hacer exorcismos. Ese carmelita ya sabía ver si uno estaba enfermo o endemoniado, y sabía que el endemoniado se habría curado si se le practicaba el exorcismo. Vino dos veces a Roma, habló la primera vez con Pío IX sobre la necesidad de que la Iglesia volviera a difundir, a tener, este ministerio, este servicio a su pueblo necesitado y que sufre. Hizo otra visita durante el Vaticano I, con el objetivo de persuadir a los participantes del concilio para que introdujeran este tema en sus debates y había convencido a muchos. Pero sabemos que este Concilio con la toma de Puerta Pía fue interrumpido. Volvió sin poder concluir nada. De todos modos, fue una persona que lo vio claro y, entonces, yo me he dedicado con todas mis fuerzas no solo a practicar exorcismos, sino también a difundirlos mediante muchos libros, transmisiones de radio y televisivas, etc., fundando la asociación de los exorcistas, nacional primero e internacional después, aprobada por la Iglesia. Algo se está moviendo, pero escaso.

Aquí hemos aprendido de los protestantes. Un grupo de jóvenes de los Estados Unidos, por curiosidad, ha asistido a unos pentecostales haciendo oraciones de sanación y liberación y han visto que lo conseguían. Tenían eficacia, aun siendo laicos y entonces han hecho nacer en la Iglesia este movimiento que se ha difundido tanto, la Renovación carismática católica.

En un primer momento también tenía a un cardenal como responsable mundial, el cardenal Sunens, de Bélgica. También le he conocido, el primario de Bélgica, y tiene un centro, el centro principal está aquí en Roma, aprobado por la Iglesia, y también han nacido muchas denominaciones, muchos centros más. Suplen en parte, solo en parte, las carencias de la Iglesia; es una verdadera carencia que la Iglesia no nombre a exorcistas.

Incluso en Italia, donde el tema está un poco más desarrollado, los hay todavía, pero hay muchas diócesis que no tienen exorcista. Hay naciones enteras sin exorcistas.

¡Qué sería de nosotros si no existieran los grupos donde se hacen las oraciones de sanación y liberación! Yo también recibo muchas solicitudes desde el exterior que quieren venir aquí a Roma para recibir exorcismos.

Además de todo también hay siempre un error, por ejemplo, una mujer que insistía desde Australia, quería a toda costa venir a verme para recibir un exorcismo, creía que podría volver a casa liberada con un solo exorcismo. Nosotros no somos santos, ya lo hemos dicho. No somos santos y no somos Jesucristo, así que muchas veces para llegar a la liberación hacen falta meses e incluso años de exorcismos. Se ven lentas mejorías, pero antes de llegar a la liberación total hace falta tiempo. Y finalmente vino, vino desde Australia que tal vez sea el lugar más lejano de Roma para recibir un exorcismo y pensar en volver a su casa sanada. Le decía: «Mire, un exorcismo no sirve de nada, si no encuentra a un exorcista, busque un grupo de renovación».

Se están desarrollando estos grupos, con dificultad, porque, soy sincero, tenemos que ver con un clero, sacerdotes y obispos, normalmente no preparados para este ministerio, por lo tanto, muchas veces también los exorcistas tienen dificultad para afirmarse. Yo admiro a aquellos obispos, creedme, hay motivo. En los seminarios ya no se estudia la teología espiritual, en la que se trataba de la espiritualidad a alto nivel, por eso también hemos perdido a los confesores prácticos en la espiritualidad, los que tienen carismas, los que tienen unas gracias especiales recibidas del Señor y necesitan de una guía espiritual que les encauce.

Se me ocurre el ejemplo de una santa famosa en esto, santa Teresa de Ávila, su guía espiritual era san Juan de la Cruz, ella es cercana a nosotros. San Juan Bosco tenía a san José Cafasso como guía espiritual. Muchos guías espirituales han desaparecido, son raros, recuerdo cuando yo era un chico, en Acción Católica tratábamos de tener un guía espiritual.

En fin, en el seminario se hablaba también de exorcismos y exorcistas, de posesiones diabólicas; muchas veces del seminario salen sacerdotes, sacerdotes consagrados que ni siquiera creen en la existencia del demonio. Evidentemente si no creen que existe el demonio no pueden creer en las posesiones diabólicas. He tenido muchos casos, también en altas esferas, por lo tanto, no me sorprendo si en los mensajes de la Virgen de las Tre Fontane a Cornacchiola se ha insistido mucho en la necesidad de hablar claro en este ámbito a sacerdotes, obispos y cardenales. He conocido personalmente a muchos sacerdotes, algunos obispos e incluso algún cardenal que necesitaba creer, porque no lo creía.

Esto para explicar la importancia del ministerio que he ejercido. Hay que destacar que la Iglesia no ha facilitado unas disposiciones precisas sobre cómo ejercerlo, por lo tanto, se va según la práctica. Salió una disposición de la Doctrina de la Fe, hace unos años, que prohibía, en los grupos de oración que hacen oraciones de sanación y liberación, en el caso de que apareciese el demonio, interrogarle para preguntarle el nombre. Era la única disposición segura. Luego hay unos obispos que se inventan límites. Por ejemplo, últimamente me han escrito acerca de un obispo que dice que se pueden hacer estos grupos de oración solo si son guiados por un sacerdote. ¿Quién te lo ha dicho? Te lo inventas tú. En estos grupos de oración se reza para liberar del demonio, pero no se puede dar la orden directa. Te lo inventas tú.

Yo he hablado a estos grupos de oración y gracias a la fe, tienen el poder de decir: «¡En el nombre de Jesús, Satanás vete!». ¡Claro que tienen este poder! ¿Quién se lo va a prohibir? Están aceptados, sí o no, a pesar de ser aprobados por la Iglesia. Su centro, que está aquí en Roma, está bajo la autoridad de la Iglesia. Sin embargo, no siempre los obispos están enterados porque en general no han practicado nunca exorcismos, no han visto nunca exorcismos. A lo mejor alguna vez han visto algún trozo de película de exorcismos en los cuales se ven escenas exageradas que no existen. Entonces piensan que el exorcismo es algo mastodóntico que hay que realizar lo menos posible, y si no se hace, mejor.

No los han hecho nunca, no los han visto nunca, son rarísimos los obispos que sí. En Italia solo conozco a dos, a lo mejor hay alguno más, dos obispos que practican exorcismos. Son rarísimos. Por lo general no saben nada de ello, sin embargo, tienen el monopolio del nombramiento de los exorcistas, es evidente la dificultad para incrementar el número de exorcistas. Se espera llegar a hacer algo poco a poco. Si no estuviese la ayuda de los grupos de oración, sería un problema, porque es un servicio que la Iglesia tiene que ofrecer a los fieles, igual que ofrece el servicio de la confesión, también debe ofrecer el de la liberación.

La Iglesia está obligada a ello, pero muchos obispos no lo saben. Por eso yo estoy contento con estas publicaciones, porque espero que algo llegue a los oídos de algún obispo.

Estos grupos de oración para pedir una liberación mediante la intercesión de María, además de decir el Rosario y rezar alguna oración a María, ¿qué más pueden hacer?

No hay reglas establecidas, estos grupos de oración hacen intensas oraciones marianas porque han visto su eficacia, entonces antes de la oración de liberación, hacen oraciones marianas. A veces también durante la oración de liberación invocan continuamente la intercesión de María. ¡Claro! Se han dado cuenta de la importancia, de la eficacia de invocar a la Virgen contra Satanás. Se han dado cuenta muy bien, aunque nadie se lo ha enseñado.

Os pongo un ejemplo, es un ejemplo genérico, pero es una persona famosa que yo he conocido personalmente. Se trata del padre Tardif, me parece que era canadiense, era realmente un santo sacerdote y se ha empezado la causa de su beatificación. Os digo dos palabras de lo que le ha pasado. Estaba enfermo y no había escuchado nunca hablar de los grupos de oración, pero entraron en el hospital donde estaba ingresado, cuatro o cinco jóvenes, chicos y chicas, le preguntaron:

—Reverendo, ¿nos permite hacer sobre usted una oración de sanación y liberación?

—Vale, si queréis.

Le hicieron esa oración. Se curó instantáneamente. Se convirtió en uno de los principales miembros de la Renovación carismática católica y ha hecho de todo para difundirla. Participaba en estas oraciones, las hacía, era un gran predicador y liberador, además Dios le había dado el carisma del conocimiento.

Os relato ejemplos contados por él. Se encontraba en un estadio de deportes, lleno de gente, porque cuando él se movía se llenaban las plazas, no bastaban las iglesias. Se llenaban las plazas, los estadios, tenía una manera de predicar estupenda, muy eficaz, muchas veces con puntos de humor para atraer más a la gente. A cierto punto actuaba en él el carisma del conocimiento.

Una vez tenía en primera línea todos los enfermos en sillas de rueda, y en ese campo de fútbol dijo: «En este momento hay cinco enfermos en sillas de ruedas que notan como escalofríos, se están curando, se han curado. Les pido que se den a conocer agitando un pañuelo: 1, 2, 3, 4, también un quinto». Luego sigue con la prédica. En este momento hay siete personas que han venido aquí completamente sordas. Ahora oyen perfectamente. Les pide que se den a conocer agitando el pañuelo. Ha seguido mirando y ha visto a uno en silla de ruedas. Ha agitado el pañuelo. Antes no lo había hecho porque estaba sordo.

Y bien, tenía estos dones excepcionales. Un gran ejemplo de sacerdote que se dedicaba a las oraciones de sanación y liberación y las promovía.

¿Entonces un cristiano puede decir: «¡En el nombre de María, Satanás vete!»?

No. Se invoca la intercesión de María, la ayuda de María, pero siempre la invocación es en el nombre de Jesús, porque las palabras de Jesús son claras: «En mi nombre echaréis a los demonios».

Nosotros, incluso nosotros los exorcistas, no tenemos ningún poder particular. Solo tenemos la autoridad de la Iglesia que nos ha nombrado exorcistas, pero solo es un nombramiento, diría una facultad. Nuestro único poder es el nombre de Jesús, como en el caso del poder de las oraciones de liberación. No necesito insistir sobre este concepto. Nosotros las llamamos oraciones de liberación para distinguirlas de las oraciones de los exorcismos, pero es una distinción que hacemos nosotros porque antes se les llamaba exorcismos también cuando no existía el orden del exorcistado, en los primeros tres siglos. Para mí es muy importante decir que las oraciones de liberación nos sirven de soporte. No olvidemos que las oraciones de liberación, cuya facultad es un poder entregado a todos, son de institución divina. Los exorcismos son de institución eclesiástica, incluso podrían cambiar, y yo quisiera que cambiaran, que se desarrollaran.

Pongo un ejemplo muy básico: santa Catalina de Siena. ¡Qué gran facilidad tenía para liberar de los demonios! Cuando un exorcista no lo conseguía, derivaba a santa Catalina de Siena. ¿Por qué este poder no puede ser dado también a las mujeres?

Somos todavía demasiado machistas, somos demasiado machistas. He conocido a mujeres que guían, llevan grupos de oración y renovación, los cuales hacen oraciones de sanación y liberación y demuestran tener una gran eficacia. En los grupos de oración, de sanación y de liberación, las mujeres tienen plena posibilidad de intervención. Plena. Naturalmente, para ellas también, valen todas las reglas generales que valen ante todo para el exorcista: el éxito depende también mucho, digamos la palabra fuerte, de la santidad de que guía el exorcismo o del que guía el grupo de oración. Y de los participantes.

Lo digo tanto para los exorcistas como para los grupos de oración. Me pasa todas las veces que tengo alguien que me ayude; soy muy exigente, le miro a la cara, miro dentro de la persona que invito a asistir a mi exorcismo.

Una vez, debe ser que no me habían informado bien, fue incluso la persona poseída por el demonio quien me ha dicho que no quería estar allí. No sé si ha sido la persona o ha sido el demonio el que ha hablado. He alejado a esa persona y las cosas han seguido mejor. Antes notaba un impedimento. Esto vale aún más en los grupos de oración, es necesaria la participación, hay que mirarse dentro.

En aquel grupo de oración en que se dio al episodio que os he contado de la sanación del padre Tardif, no fue una muchedumbre, un grupo numeroso. No, no, fueron cuatro o cinco personas escogidas diría, de mucha oración. Es necesario, es de gran ayuda. Es beneficiosa la ayuda de personas que acompañen para ayudar. Si es necesario, ayudarán también a sujetar si uno se pone violento, a limpiar si uno se pone malo, etc. Pero la ayuda principal o incluso la única que tiene que aportar la persona que asiste al exorcista es la de la oración. Tienen que rezar intensamente y entonces el exorcismo es más eficaz, tiene más fuerza. Naturalmente es precisa sobre todo la oración por parte del exorcista. Pobre de él si no reza fuerte.

He tenido casos de personas nombradas exorcistas, de sacerdotes nombrados exorcistas que a lo mejor no eran suficientemente conocidos por los obispos, no abundaban en oración y no obtenían resultados, y terminaron diciendo a sus obispos: «No creo en esto, nombre a otro». No concluían nada. Evidentemente, ¿quién es el que libera? Es Jesús.

Hay muchos ejemplos que os podría contar en los cuales el Señor ha querido que entendiéramos que es él.

Os ofrezco este. Un hombre santo –he publicado este caso y tengo el permiso de su mujer para publicar el nombre–, llamado Ángel Battisti, muy amigo del padre Pío, fue el primer director de la casa Sollievo della Sofferenza y era un hombre importante en la secretaria de Estado. De hecho, Juan Pablo II, entonces cardenal Karol Wojtyla, como sabía que era íntimo del padre Pío, una vez le pidió de interceder con el padre Pío para obtener la gracia de la sanación de una mujer de una familia allegada a él. Ángel Battisti se lo pidió al padre Pío:

«Mire, tengo esta carta de solicitud el cardenal Wojtyla para que usted rece por la sanación de esta persona». El padre Pío contestó: «Vaya, esto es verdaderamente una petición seria». Rezó y aquella mujer se curó y sigue viva. Este Señor, cuando se jubiló, fue afectado por una posesión diabólica fortísima. Durante siete años lo exorcizó el padre Cándido sin éxito. Durante los exorcismos se quedaba quieto. Luego hablaba con serenidad. Me lo ha mandado a mí también para que lo exorcizara y lo hice. Conmigo también, al principio, no se movía durante el exorcismo, luego hemos hablado, naturalmente del padre Pío. Él conocía muchos más detalles que yo. Una vez que se marchó el exorcista, le dijo a su mujer: «Has hecho que viniera el exorcista, vas a ver lo que te va a pasar». Y a esa pobre mujer le pasó de todo.

Pues, después de siete años ha ido a ver a un párroco de un pueblecito en la provincia de Arezzo, realmente un hombre santo, que en un momento lo liberó. Le pregunté al padre Cándico: «¿Por qué nosotros no pudimos?». ÉL me contestó: «Mira, en este mundo hay quién siembra y quien cosecha. Pero hay otra verdad que el Señor quiere que entendamos nosotros los exorcistas también, aunque a veces tengamos la gracia de ver una liberación, lo que quiere que entendamos es que él es el que libera, no nosotros».

La primera clase que me dio el padre Cándido cuando me nombraron exorcista bajo su custodia y para ayudarle fue: «No espere nunca ver la liberación de una persona. Mediante el exorcismo la liberación se prepara, luego generalmente uno se libera en una iglesia mariana, en un santuario, incluso en su casa, en su oficina o en la calle». Es cierto, he tenido un único caso, aquí no lo cuento, pero es excepcional, del cual no he visto nunca la liberación, me la han contado después. El que libera es Jesús. El que sana es Jesús. María santísima intercede. No llega gracia ninguna sin pasar por las manos de María, mediadora de todas las gracias, también de la gracia de sanación y liberación.

Pienso que el papel de la Virgen hacia los hombres no se limita solo a proteger a las personas vejadas o poseídas por los ataques del demonio. ¿No le parece que en estos años la Virgen está haciendo de todo para defender a los hombres de las amenazas del demonio, que quiere destruir no solo al hombre sino también el planeta?

Esto también es cierto. Se habla explícitamente de que el deseo de Satanás es destruir también el planeta en que vivimos. Seamos sinceros, sabemos muy bien que con las bombas atómicas que todos tienen, el ISIS también las tiene, es posible la destrucción de nuestro planeta. Es posible. En otros tiempos por lo menos no había medios tan fuertes como los que tenemos ahora. Por lo tanto, la Virgen desea, quiere e intenta obtener de Dios la salvación también de nuestro planeta. Pero insiste con nosotros, porque depende de nosotros, de nuestra vuelta a Dios y a las leyes de Dios y entonces respetaremos lo que Dios ha creado.

Ya hemos logrado estropear muchos alimentos con los abonos químicos que ahora se usan en agricultura.

Hemos llegado a estropear el aire que respiramos, a dañar también los océanos lavando esos enormes barcos sin respeto alguno, cuando volvían después de haber descargado el crudo. Los cielos, cierto, el aire también, con ese gran número de aviones que vuelan por todas partes. Tenemos que ser sensatos para usar dignamente los medios que Dios nos ha dado y que por su gracia hemos logrado descubrir. Lo vemos, ya lo hemos comprobado, que instrumentos que podrían ser de formación, de educación, de bien, pueden convertirse en herramientas de destrucción.

Cuando se inventó la imprenta, el primer libro impreso fue la Biblia. Cuando se descubrió la energía atómica, el primer uso fue destruir dos ciudades. ¡Qué gran diferencia! ¡Una diferencia tremenda! ¡Destruir dos ciudades!

Observamos estos medios, ya hemos hablado sobre todo de la televisión, de Internet, que serían herramientas buenas. Uno con Internet tiene el mundo en su mano. Sin embargo, no los usamos bien, sino con el fin de desinformar y arruinar, no solo a la juventud sino también a los adultos. ¡Sí señor, arruinar!

La Virgen insiste en que hay que rezarle para que, por su intercesión, consienta que lleguemos a un uso diferente de las cosas de manera que se respete la naturaleza, la creación y para que las invenciones humanas sean útiles para el progreso y no para la ruina. A nadie le gustaría volver a la Edad de la piedra, aunque solo fuera a la época de Jesús. Pensemos en cómo vivían Jesús y los apóstoles. Un ejemplo muy banal: todos dormían en el suelo, no había camas, tanto en casa como fuera, cuando llegaba la noche se tumbaban en el suelo, cuando iban a dormir por ejemplo en el huerto de Getsemaní, lo hacían en el suelo. En la comida, en la ropa, les valía cualquier cosa. Cuando Jesús nació en la gruta de Belén, a nosotros nos parece que nació como un indigente. Pero, ¿que había? Nada. Estaban acostumbrados a no tener nada si lo comparamos con lo que tenemos hoy nosotros, a las pretensiones que tenemos y a todo lo que tenemos, a nadie le gustaría volver atrás.

No se puede negar que en este aspecto también ha habido un progreso, viendo todas las comodidades de hoy en día. Antes todas las casas tenían escalones, no existían los ascensores. Ahora, cuando se construye un edificio, siempre se pone también el ascensor. Hoy tenemos muchas comodidades, pero también nos damos cuenta de que los grandes medios que el hombre tiene en su poder pueden servir, y el diablo lo intenta todo, para para el mal, para la corrupción y la destrucción. La destrucción del planeta.

La Virgen ha reiterado que el demonio ante todo ataca el corazón y la mente de las personas; luego se sirve de estas personas para realizar lo que se propone.

Esto también es cierto, sin duda, porque se sirve de los hombres, pero todos los grandes hacen así. Incluso Jesús se ha servido de los apóstoles para difundir su doctrina, se sirvió de los apóstoles. Muchas veces la Virgen ha comentado que no puede hacer nada sin nuestra ayuda. Es algo normal.

Claro que el demonio lo ha entendido y se aprovecha de los hombres cuya alma posee. Hacen lo que Satanás quiere y él se sirve de los hombres para cumplir sus obras de destrucción, de ruina, de malas costumbres, etc.

Observemos la ropa de ahora. Lo comentaba también hace no mucho tiempo, porque había surgido la ocasión, que si yo fuera párroco a veces rechazaría celebrar el matrimonio porque las novias llegan con ciertos vestidos, vestidos de novia, que diría son más desvestidos que vestidos. Les diría que se fueran a vestir y luego les caso, ¡pero así no! Ya no hay decoro ni siquiera en la iglesia. Antes cuando se entraba en San Pedro había una vigilancia y si las mujeres no estaban bastante tapadas no podían entrar o se les prestaba un chal, por lo menos un chal para cubrirse los hombros.

¿Cómo es posible que no se entiendan estas cosas? Es el demonio que ha logrado estropear las costumbres. Sabemos perfectamente que a la mujer le da igual llevar prendas no decentes, y también sabemos que la mujer por su naturaleza ya se ha convertido en esclava de la moda. Si la moda lo indica, como fue durante un periodo en el cual se usaban maxifaldas, faldas hasta casi los pies, pues se ponen las faldas hasta los pies. Lo que más le importa a la mujer, a la mujer en general, y luego hay muchas excepciones, es estar a la moda, estar conforme a la moda, la moda dicta la ley.

En una revista nuestra muy difundida, Familia Cristiana, intentamos hacer un apartado de educación relativa a la moda. Recuerdo que uno de nuestros amigos más queridos tenía textos, era uno que se ocupaba de moda, tenía una sastrería y una escuela de moda, y también tres hermanos sacerdotes en la sociedad de San Pablo. Ese también era un hombre de oro, hijo de mamá Nina, de la cual se ha iniciado la causa de beatificación. Este colaborador recuerdo que nos advirtió: «Esta sección en la que queréis dar recomendaciones sobre la moda, tenedlo claro, será un fracaso. Es imposible que os hagan caso porque hay otros líderes que dictan las leyes de la moda».

El demonio trabaja en este campo. Se sirve de las personas, siempre. Se sirve de las personas, trata de acapararlas y hacerlas súcubas suyas. Las personas sometidas al demonio generalmente no creen en la existencia del demonio. Ni siquiera se lo creen y son sus esclavas. Así terminamos cuando no nos instruimos según las leyes de Dios, en las cuales se habla claramente de las tentaciones, de la existencia del demonio y de cómo hay que portarse fielmente a las leyes de Dios.

La Virgen está preocupada por todas estas cosas, ella que es la enemiga de Satanás. Ella nos repite: «Sin vuestra ayuda no puedo hacer nada». Sus planes son crearse un ejército de personas que, con armados con el Rosario, el ayuno y la oración, salven la sociedad de los males que nos incumben y están cada vez más cerca, porque la sociedad, por lo poco que nos es dado entender, está empeorando por momentos.

No han sido suficientes las amonestaciones de la Virgen, sus advertencias. No. Su presencia tampoco ha bastado.

Siempre me acuerdo, ya lo he dicho, de aquella vez que nos dijo: «Vine hace treinta años y el mundo ha empeorado». Y ahora más.

Creo que, lamentablemente, la celebración del papa Francisco del Año de la Divina Misericordia, viene de un deseo de regresar a Dios. Es lógico que el Año de la Divina Misericordia esté dirigido sobre todo a los creyentes. Está enfocado sobre todo a los bautizados, diría casi exclusivamente a ellos; pero no me parece que se pueda notar un gran regreso al verdadero Dios, por ahora por lo menos, hay poco que contar y poco que decir. Creo que al finalizar este año habrá algunas conversiones, no hay duda, pero el mundo ha seguido empeorando y si las advertencias no se siguen, cualquier intento será fallido.

La Virgen se esfuerza en aparecer por todos lados. En todos los lados, incluso en centros pequeños. Ella personalmente no se limita solo a mandar mensajes, se hace ver. Si tampoco estas cosas valen para sanar este descenso y para recuperarnos de este empeoramiento, llegarán los castigos. Esperemos que estos castigos, como ya decía acerca del séptimo secreto de Međugorje, puedan ser por lo menos reducidos por los que rezan y escuchan los mensajes de la Virgen. Que es posible que sean menos de los que habrían podido ser.

Tenemos un ejemplo estupendo en la Sagrada Escritura, diría dos ejemplos: Sodoma y Gomorra, y Nínive. Sodoma y Gomorra son el ejemplo de dos ciudades que no han escuchado la llamada de los profetas y fueron destruidas. Fuego desde el cielo que las destruyó.

Nínive era una gran ciudad no judía, diríamos nosotros pagana, a la cual fue enviado el profeta Jonás, profeta que no quería ir allí porque era judío. No quería ir a predicar a unos paganos, y tenía que predicar la destrucción. Fue al final para allá y les advirtió: «Dentro de cuarenta días Nínive será destruida». Y la gente creyó, el rey también, todos hicieron penitencia, rezaron y ayunaron, se vistieron con telas de saco y por eso el Señor no mandó el castigo que había preparado. Visto que, pasado el día cuarenta todo el pueblo había entendido que el castigo no se produciría, que Dios les había perdonado, todo el pueblo estaba feliz excepto una persona, Jonás, porque vio cómo su profecía no se cumplía.

Y parece que casi quiera enseñarle a Dios a conocerse a sí mismo: «Señor yo no quería ir porque sé que tú eres un Dios misericordioso. Mientras predicaba la destrucción de la ciudad suponía que, si la ciudad se arrepentía, tú retirarías tu amenaza de destrucción. Y, ¿dónde quedaba mi palabra?». Dios le dio una lección para que entendiera que su misericordia es total. En cambio, Jonás no tenía misericordia, dolo se preocupaba de su fama.

Por eso, la Virgen espera que, aunque se haya prometido algún castigo, sean por lo menos atenuados. Entonces siempre insiste, no se desanima. Y también quisiera destacar esta actitud de la Virgen frente a nuestra testarudez, frente a nuestra falta de atención a sus mensajes. Ella no se desanima, sigue hablando, sigue llamándonos la atención, no ceja, por lo tanto, podemos estar seguros de que incluso durante el cumplimiento de los castigos ella seguirá impulsándonos para que volvamos a Dios, a la oración, el ayuno, la conversión. La Virgen seguirá, no se desanima. No hay duda, es el amor de una madre. Nos ama. Nos ama. Repito lo que ya he dicho.

Jesús nos enseñó a amar, tanto como él nos amó. Y la Virgen sigue esta recomendación, o, si queréis, este perfeccionamiento que Jesús aporta al mandamiento de ama a tu prójimo como a ti mismo. Este sigue válido, pero Jesús lo perfecciona. No basta con amar al prójimo, amaos como yo os he amado. Yo os he amado dando mi vida por vosotros, vosotros también os tenéis que amar dispuestos a dar la vida incluso por vuestros enemigos.

¡Ya os podéis imaginar si la Virgen no nos ama hasta este punto! Está dispuesta a dar su vida por nosotros. Claro que sí. Ella observa los mandamientos de Jesús, las palabras de Jesús, no deja de amonestarnos.

VI

María, la esperanza de la humanidad en la lucha contra el mal

Por esto la Virgen es la esperanza de la humanidad en la lucha contra el mal, contra el demonio.

Cuando fui durante veintiséis años a ver al padre Pío, los capuchinos tenían una frase colgada en la puerta de su celda, por fuera, una frase de la Biblia o una frase de un santo.

El padre Pío tenía esta frase: «La grandeza humana siempre tiene como hermana la tristeza». Creo que proviene de un libro sapiencial, pero le sustrajeron ese cartel y se sustituyó con otro que lleva una frase de san Bernardo: «María es toda la razón de la esperanza de mi vida». San Bernardo amaba verdaderamente a la Virgen. Sí, María es la única razón, toda la razón de mi esperanza.

San Basilio afirmaba que después de Dios no tenemos otra esperanza que María, por eso la proclamaba como «nuestra única esperanza después de Dios».

Es cierto. Nosotros seguimos diciéndole a la Virgen que sabemos que no todos la escuchan, pero que sigue siendo nuestra única esperanza. Nuestra verdadera esperanza es ella. El hecho de que ella no se desanime, nos anima a nosotros. Nunca es demasiado tarde para empezar a escuchar sus palabras, sus amonestaciones, sus predicciones. Nunca es demasiado tarde para esforzarnos.

¿Por qué María es para cada cristiano la esperanza de la humanidad en la defensa contra el mal y Satanás?

Es tan evidente que Jesús eligió a María no solo como su madre, sino también como cooperadora en la salvación. Sigue teniendo este proyecto con María, por lo cual es ella la que colabora activamente, día tras día, hasta el fin del mundo por nuestra salvación. Está claro, la tiene realmente como un faro de esperanza, de confianza para nosotros, es su misión. Ella continúa, aplica, hace aceptar la redención de Jesús, trabaja completamente en función de la obra de su hijo. Es lógico. Trabaja para esto. Todo está en función de Jesús. Por eso las consagraciones a María... María no se queda nada para ella misma.

Me hace gracia, hay algunas corrientes protestantes que nos acusan a nosotros católicos de adorar demasiado a la Virgen, restándole a Dios, restándole a Jesús. Pero no se resta nada, se suma, porque María no se queda nada para ella, todo lo entrega al Señor. Como explicaba san Luis María Griñón de Montfort: «Si tú entregas algo al Señor con tus manos nos lo agradece. Pero si tú lo que das al Señor se lo das mediante las manos de María, es presentado con una eficacia muy superior».

María no se queda nada, todo se lo entrega a su Hijo, trabaja enteramente para la obra de salvación de su Hijo que tiene que alcanzar a todos los hombres: «Predicad el Evangelio a todo el mundo». Lo repetimos siempre también durante la consagración del vino: «Este es el cáliz de mi sangre para la nueva y eterna alianza». Ya no existe la alianza por la cual el elemento de unión era Moisés. Ahora está Jesús. Antes la alianza solo era para el pueblo judío. Jesús la extendido a toda la humanidad. La alianza antes se estipulaba con sangre de animales. Jesús la ha firmado con su sangre, y él es el mediador de la nueva y eterna alianza, firmada con su sangre. Es la nueva alianza de la humanidad. Yo siempre trato de explicarla.

Mira, hay una alianza nueva entre ti, cada uno de nosotros y Dios. Una alianza basada en Jesús, él es el mediador de esta nueva alianza y entonces hay que mantener los pactos.

Para el pueblo judío había un pacto de fidelidad, la fidelidad a los mandamientos de Dios. Para nosotros la fidelidad es la fidelidad a las palabras de Jesucristo.

Es muy importante leer y volver a leer continuamente los evangelios porque aquí Jesús habla y actúa. Nos enseña cómo hacer para seguir sus palabras, sus enseñanzas, nos enseña a seguir su ejemplo; dos cosas que le Espíritu Santo nos recuerda. Nos impulsa a profundizar, leer, estudiar, conocer y nos da la fuerza para cumplir; por lo tanto, hace que leamos las enseñanzas de Jesús y nos da la fuerza para observarlas.

Nos hace leer, estudiar, ver los ejemplos de Jesús, sus acciones y nos da la fuerza para imitarlos. Es el don del Espíritu Santo que nos da esta fuerza, por la cual es el Santificador.

Ya sabemos que cada cosa *ad extra* siempre es obra de la Trinidad, de las tres personas juntas, a pesar que estén todas las atribuciones. Se atribuye al Padre la creación. Sabemos por ejemplo que Él ha creado todo mediante Jesucristo y en visión de Jesucristo, por lo tanto, Jesús es la finalidad de nuestra existencia y Dios no podía darnos una meta mayor que esta.

Jesús, yo vivo para ti, el Padre me creó a través de ti y tú eres el fin por el cual el Padre me ha creado, la finalidad de mi existencia. Y así también el Espíritu Santo. El padre creador, el Hijo redentor, el Espíritu Santo santificador.

Vemos que están muy bien coordinadas estas, digamos, misiones. El Señor no deja nunca las cosas a medias, no, las completa. La redención de Cristo habría sido incompleta si no hubiera venido el Espíritu Santo; tanto que a veces nos sorprendemos cuando leemos la ascensión: se puede llegar a temer por los apóstoles, que se habían quedado sin Jesús, a saber, con cuánta tristeza. Nada de eso, se dice que los apóstoles viendo a Jesús subir al cielo, volvieron a su casa felices. Y eso porque Jesús les dijo: «Si yo no me voy, no os mando el Espíritu Santo. Pero si yo me voy, os lo mando, que se va a quedar siempre con vosotros, os va a sugerir todas las palabras que yo os he dicho...». Se queda siempre con vosotros con unas características especiales.

Por ejemplo, Jesús las refiere aquella vez que dice:

«Mi Padre da el espíritu Santo al que se lo pide». Entonces nosotros lo recibimos en el bautismo, tenemos otra nueva entrega en la confirmación, pero todas las veces que se lo pedimos Él viene hacia nosotros y nos ayuda. Es importante orar continuamente, invocar continuamente al Espíritu Santo. Evidentemente la Virgen en todo lo que hacía y hace está guiada por el Espíritu Santo. Hace todo para Jesús en orden a la salvación cobrada por Cristo, pero siempre con la fuerza y con las sugerencias del Espíritu Santo, el Espíritu Santo que ha recibido Jesús. Y sigue dándonoslo mediante el espíritu Santo mismo.

Usted ha dicho que María nos pide a los hombres que le ayudemos en la lucha contra el demonio. En sus apariciones, las palabras que María pronuncia son una invitación continua dirigida a nosotros, los hombres, para que nos alineemos con ella y unamos las fuerzas contra el demonio. Quisiera preguntarle, ¿por qué la Virgen necesita de la ayuda de los hombres en la lucha contra las tinieblas?

Forma parte siempre de lo que ya os he dicho, afirma que no puede hacer nada sin nuestra ayuda. Y esto porque, seamos sinceros, el Señor ha arriesgado mucho dando al hombre el libre albedrío, ha arriesgado mucho porque puede usarlo bien o mal, pero es nuestra grandeza. Nuestra grandeza es el libre albedrío, la posibilidad de hacer el bien o el mal. Nosotros tenemos la elección, la decisión. Si no tuviéramos el libre albedrío, seríamos como los asnos, los mulos, los animales. Ya no tendríamos aquella dignidad divina de participación con el Señor, el Padre, que nos ha creado a su imagen y semejanza. Entonces nos has querido libres, pues no quiere ser adorado por criaturas; por ejemplo, los pájaros por la mañana miran el cielo y piden a Dios su pan, su alimento. Bueno, los animales tendrán su forma particular, sabemos que no rezan a Dios, no tienen la inteligencia ni el libre albedrío. El hombre la tiene, es su grandeza. Pero Dios ha arriesgado mucho dándonos el libre albedrío y lo sabía muy bien, muy bien.

Y la Virgen hace su llamamiento aquí en medio de nosotros para que la apoyemos en su lucha contra Satanás, ella que es la enemiga de Satanás. Esta enemistad creada por Dios desde siempre, esa misma, preanunciada en el libro del Génesis es el primer preanuncio de María. Ha creado enemistad entre ella y Satanás, quiere comunicarnos también esta enemistad que nosotros también tenemos que tener con Satanás. Enemistad para que no sigamos su inspiración ni sus consejos. Saber ver, saber descubrir su presencia en las muchas ocasiones que nos llegan. En la elección de una página de Internet o de un programa de televisión tenemos que saber ver que la voz de Satanás nos impulsa a escoger algunas cosas nefastas, hay que saber ver la presencia de Satanás en aquellas elecciones y saber ver que nuestra lucha contra él se manifiesta en la resistencia a sus impulsos hacia el mal y en buscar en cambio las cosas buenas que hay. Yo no los he visto porque no veo nunca la televisión, pero muchas veces me llegan comentarios, por ejemplo, me dicen que cuando la televisión ha transmitido la vida de padre Pío ha sido un programa hermoso. En el pasado he visto alguna película realmente bonita.

El bien existe podría haber más, debería ser un bien total porque estos medios los deberíamos usar siempre para la instrucción y la mejora del hombre, para instruirlo y mejorarlo según las leyes de Dios. En cambio, se usan mal... Es el demonio el que impulsa a hacer esos programas descolocados, ciertas músicas deletéreas.

Ya conocemos cuáles son los principios sugeridos por el demonio, fundamentales, las bases del satanismo. Son tres:

1. No tienes que obedecer a nadie.
2. Haz lo que quieras, no hay ninguna autoridad, ni religiosa, ni familiar, ni civil. Nada.
3. Recuerda que tú eres el Dios de ti mismo.

Los proclaman los más famosos satanistas y son los tres principios que sostienen el satanismo y que están en realidad a la base de todas las tentaciones porque cuando tú haces una elección equivocada es que te portas como uno que hace lo que le parece: *haz todo lo que tú quieras.* Sigues la voz de Satanás. Se dice que aprendes cosas que no sabías. Vamos, aprendes, como si fuera una ventaja. Muy bien.

Muchas veces he puesto el ejemplo de los ojos: sácate los ojos y verás cómo te apañas sin ojos. Inténtalo y verás lo bien que lo llevas.

Cuando están arrancados ya no vuelven atrás, así el demonio nos enseña males de los cuales ya no hay salvación; solo queda soportar, si tenemos la fuerza, la fuerza de aguantar.

Por eso ella lucha contra las tinieblas, como declara la constitución pastoral *Gaudium et spes*. Ahora bien, me gustaría que usted también dijera cuáles son los campos de acción del demonio donde él gana.

Es una cuestión muy extensa, abarca prácticamente todo, todo lo que es nuestro trabajo, nuestra actividad, nuestro estudio, nuestro conocimiento, la elección de nuestras acciones. Todo. Sí, Satanás entra en todos los campos. Desde luego no hay ámbito alguno en el cual se pueda desarrollar la acción humana y en el cual no pueda entrar Satanás. No lo hay, no existe. Y vemos cómo ataca también y sobre todo en los puestos de mando. Sí, las cumbres, no nos extrañemos, las cumbres de la Iglesia también son muy atacadas. Las cumbres políticas, las cumbres del deporte, las cumbres de la industria, las cumbres... ¿por qué?

Porque si se alcanza a los jefes, se pesca con la red y ya no solo con una caña, por eso no nos tenemos que sorprender. Si leemos bien, si estudiamos la historia de la Iglesia, con sinceridad, vemos que ha habido tiempos en los cuales la situación de la Iglesia era bastante peor que la actual. Mucho peor, cuando había dos o tres papas, y fue cuando intervinieron los santos para enderezar los caminos. San Carlos Borromeo ha sido uno de ellos, y antes que él san Ambrosio, que han enseñado en esa gran diócesis que es la de Milán, a los obispos a ser obispos, visitando las parroquias, viviendo en el obispado. Porque los obispos estaban acostumbrados, y más aún los cardenales, a vivir por su cuenta. En Roma tenemos la zona de los castillos romanos llena de palacetes donde vivían los cardenales. Vivian despreocupados, dedicándose a la bella vida, por llamarla de alguna manera: haciendo de todo, ocupándose de todo, menos de la Iglesia y de la salvación de las almas.

Cuando el concilio de Trento emprendió la apertura de los seminarios, muchos comentaron que es su mayor obra, la más importante que hizo el concilio de Trento, pues los sacerdotes eran elegidos un poco sin criterio, sin darles antes una formación previa, una formación suficiente.

Vemos en la historia de la Iglesia que hubo épocas más duras que la actual, en las que reinaba el mal. Pero creo también que, nunca como en nuestros tiempos, han aparecido tantos santos y de todas las categorías. También hay que tener en cuenta que se ha canonizado a muchos laicos, cosa que antes no era costumbre. Es una época de mártires, solo hay que verlo. Pensemos también en los cristianos asesinados por el ISIS solo por ser cristianos. Y aquel obispo, que si no me equivoco ha sido beatificado, el obispo Romero, asesinado mientras celebraba la misa. ¡Cuántos cristianos asesinados en la Iglesia, especialmente en los territorios de mahometanos, de musulmanes! ¡Muchos!

Hoy hay un número de mártires inmensamente superior al número de mártires que había en estos primeros siglos que se denominan los siglos del martirio. Sí, los había, pero también había traidores. De hecho, después de cada persecución, surgía el problema de los lapsos, de los que habían renegado a Cristo para salvar la piel. ¿Les tenemos que readmitir o no? Existía este problema, porque no todos tenían el valor de enfrentarse a la muerte para mantener su fidelidad a Jesucristo. Y hoy tenemos a muchos héroes, muchos santos, y de todas las clases sociales. Por ejemplo, han sido canonizados los padres de santa Teresita de Lisieux. Vamos, en el pasado no se había pensado nunca en canonizar a dos cónyuges, ni se pensaba, en cambio, cónyuges santos siempre los ha habido.

Hay muchos aspectos positivos en nuestros días, pero también hay mucha decadencia. Pienso en las naciones que han sido ejemplo y ahora sufren una degradación tremenda, como en la nación más católica del mundo, que era Brasil. Era la nación más católica del mundo, pero las sectas se han llevado más del 30% de los católicos según cuentan. Y siguen haciendo estragos.

Pues, existe el bien y el mal, como en todas las épocas, pero hoy de una forma bastante superior al pasado porque disponemos de medios de destrucción, medios para hacer daño a las conciencias, que ahora tenemos y antes no había. Pensemos por ejemplo en muchas familias tanto en la ciudad como sobre todo en el campo. Antes no había diversiones, no había televisión ni Internet. No había tantas ocasiones para pervertir las conciencias, no las había, hoy están y están al alcance de todos.

La Virgen insiste también en estos temas. Ella que es la enemiga de Satanás quiere hacer de nosotros también unos enemigos de Satanás, porque con Satanás no hay trato, o somos sus enemigos o sus aliados. Así lo dice

Jesús claramente cuando repite: «O se está conmigo o se está con Satanás». No hay término medio. O se está conmigo o se está con Satanás.

Esto vale para cada uno de nosotros, no hay más, o estás con Cristo o estás con Satanás.

Tienes que convertirte tú también, al igual que María, en enemigo o enemiga de Satanás, yendo en contra de sus enseñanzas, de sus sugerencias, de todo lo que él hace para corromper nuestras conciencias y arrastrarnos fuera de la revelación y de las enseñanzas de Jesús. La Virgen misma, por su Hijo, quiere llevarnos a todos a Jesucristo, a seguir a Jesús. Ella es enemiga de Satanás y quiere que nosotros seamos enemigos de Satanás para estar con Jesús.

Una última pregunta de esta serie. San Luis María Griñón de Montfort en su *Tratado sobre la devoción a la Virgen* ha escrito que María, al final de los tiempos, preparará apóstoles nuevos y los guiará en la lucha contra Satanás.

Ese es el culmen de las enseñanzas de san Luis María Griñón de Montfort, ese gran santo que miraba al futuro. Nosotros no lo sabemos exactamente. Ahora mismo nos encontramos en un periodo en el que nos parece estar casi en ese tiempo que comenta, porque hay una lucha fortísima contra el demonio. Sin embargo, no sabemos si en el fin del mundo habrá luchas aun más duras. Ciertamente en las frases de san Luis María Griñón de Montfort, enamorado de la Virgen como él ha sido, se dice también que habrá legiones de María combatiendo. No sabemos con precisión si hace referencia a los tiempos actuales o a los tiempos futuros hacia el fin del mundo.

Tenemos un libro que nos cuesta mucho explicar y aplicar, el libro del Apocalipsis, porque nos muestra momentos tremendos, terribles y nos dice: «Solo ahora». También en las cartas de san Juan hay referencias al anticristo, que ya estaría entre nosotros. El anticristo ya está entre nosotros. Hay muchos anticristos, todos los que luchan contra Jesús y las enseñanzas de Jesús son anticristos. Es difícil dar una aplicación, pero pienso que son enseñanzas siempre modernas, siempre actuales, es decir, que eso existe también en nuestro tiempo.

No cabe duda de que uno de los méritos principales del Vaticano II ha sido la habilitación total del laicado. Recuerdo mis días de catequesis, pues de joven daba catequesis a los más pequeños en la Acción Católica y enseñábamos que en la Iglesia hay dos categorías: la Iglesia docente y la Iglesia discente. La Iglesia docente, que son el papa y los obispos, y también los sacerdotes en nombre del obispo, que son la *longa mano* de los obispos. Esto porque en realidad cada diócesis está confiada a un obispo, el cual actúa mediante los párrocos, los sacerdotes. Mientras que los laicos son la Iglesia discente, es decir, solo tiene que estar con los oídos abiertos esperando las enseñanzas que vienen de la Iglesia docente.

¡Vamos a ver! ¡Tenemos muchos laicos que han enseñado a los curas y también a los pontífices! Se me ocurre Toniolo, por decir un caso, y la gran influencia que tuvo sobre León XIII; pienso en la *Rerum novarum*, es más de Toniolo que de León XIII.

¡Muchos laicos! Pienso también, por haberle conocido personalmente y admirado, en uno que siempre se ha quedado al margen; lo considero realmente un gran hombre que ha tenido influencia incluso en mi padre, en mí y en mi familia: Luis Gedda (1902-2000). Fue el creador de Acción Católica, la cual ha sido providencial. Lo ha conseguido también con la ayuda de los pontífices, que se han servido de él. Es evidente que le amparaban: Pío X, Pío XII y luego también Juan XXIII. Él estaba contento de haber podido trabajar y desarrollar su apostolado bajo estos pontífices.

Pío X, llamó a Mussolini «el hombre de la Providencia» cuando firmó el concordato con el Vaticano. Se ha visto con el tiempo, al principio parecía que esa declaración era buena, en cambio, demostró ser una encerrona; por ejemplo, con del matrimonio, la enseñanza religiosa en la escuela, en muchos aspectos. Pero cuando el fascismo prohibió la Acción Católica dijo: «Estoy dispuesto a luchar contra el diablo (refiriéndose a Mussolini), contra el diablo con tal de salvar la Acción Católica».

No hay duda del papel, también después del 1948, de Luis Gedda, inspirado por Dios, impulsado y aprobado totalmente por Pío XII, que era un gran admirador de Luis Gedda. Togliatti y Nebbi, comunista y socialista aliados, estaban convencidos de que habían ganado las elecciones. Y como Togliatti era un siervo de Stalin, habrían arrastrado a Italia a ser sometida a Rusia, como le pasó a otros Estados. En fin, se instituyeron los comités cívicos, y gracias a ellos la democracia cristiana ganó las elecciones de manera total, completa. Me sorprende que la democracia cristiana no le haya por lo menos ofrecido un puesto entre los diputados, o en el Senado. Nada. No le prestaron más atención y él se retiró en silencio.

Los laicos no eran solo la Iglesia discente. Hemos visto como el clero se abandonaba a las leyes de gobierno. Lo hemos visto sobre todo con ocasión de los dos referendos sobre divorcio y aborto. Una especie de retirada, como si todavía estuviera vigente el *non expedit*, que fue un gran error de Pío IX. Fue un gran papa, verdaderamente un gran santo, pero con el *non expedit* casi prohibía a los católicos ocuparse de política y así la entregaba totalmente en las manos de los masones. ¡Vaya!

Después ha sido la figura de don Sturzo que ha intentado lo posible instituyendo el Partido Popular. Él también ha sido un gran hombre, verdaderamente un gran hombre. Son ejemplos para decir que laicos ha habido muchos, y hoy todavía hay laicos en primer plano.

Conclusión

Para concluir, quisiera que usted hiciera un llamamiento a todos los lectores. Primero, para que cada día confíen más en la Virgen que los defiende de Satanás. Y para que ayuden a la Virgen a que se realice el deseo de su Corazón Inmaculado expresado el 13 de julio de 1917: «Finalmente mi Corazón Inmaculado triunfará».

Hago con gusto este llamamiento a mis lectores.

Primer llamamiento: Todos los días, cuando nos despertemos, dediquemos un pensamiento a Dios y otro a la Virgen para que nos ayuden en la lucha contra Satanás, porque es una lucha que empieza desde que nos despertamos hasta que nos acostamos. Todos los días. Que nos sean de ayuda en esta lucha, y mantengan vivo el pensamiento de que Satanás nos tienta desde el nacimiento hasta la muerte, desde la mañana hasta la noche. Por lo tanto, tenemos que ser valientes contra Satanás. Y la Virgen, que es la enemiga de Satanás, que nos ayude y mantenga nuestros ojos abiertos, nos haga ser vigilantes y nos dé la fuerza para vencer los asaltos de Satanás, con el fin de ser capaces de discernirlos en las decisiones que tomamos en la vida, para distinguir lo que es sugerencia de Satanás y elegir los caminos de Dios.

Segundo llamamiento: aquí estamos en pleno clima de Fátima. La Virgen ya había enseñado su Corazón unido al Corazón de Jesús, enseñando la medalla milagrosa en 1830. Aquella medalla tan difundida en todo el mundo y a la que se atribuyen gracias realmente extraordinarias y muchos milagros. Pero también aquellas palabras: «El Señor quiere que mi Corazón Inmaculado sea honrado junto a su Corazón».

Todo empezó en Fátima y se han creado santuarios e iglesias dedicadas al Corazón Inmaculado de María, congregaciones religiosas o grupos de cristianos comprometidos, dedicados al Corazón Inmaculado de María. Antes no se pensaba en ello, en el siglo XVII se desarrolló la consagración al Corazón de Jesús. Recordemos la promesa de Francia, que se salvaría si se consagraba al Corazón Sagrado de Jesús. No lo han hecho. Y han tenido la Revolución francesa que ha sido sinceramente un desastre incluso para nosotros, para toda Europa.

Permitidme que recuerde lo que para mí ha sido el episodio más bonito de mi vida: haber tenido la idea, y luego realizarla, de consagrar Italia en 1959 al Corazón Inmaculado de María. La Conferencia Episcopal Italiana, la CEI, había ya establecido la fecha, en pocos meses, había aceptado la idea expuesta por un cardenal, el cardenal Del Caro. La CEI aceptó esta idea de consagrar Italia al Corazón Inmaculado de María y se apropió de ella. Estábamos a finales de 1958 y la habían establecido para el congreso eucarístico Nacional de Catania, ya fijado en 1959. Quedaban pocos meses: ¿Cómo hacer para preparar Italia?

Vino en ayuda un padre jesuita, un verdadero padre, amante de María que aportó una sugerencia: «Haced que venga la Virgen de Fátima. Es la única manera».

Se preparó todo para que viniera la Virgen en aquellos pocos meses, empezando en abril de 1959 hasta el 11 de septiembre del mismo año. Hacer que fuera a todas las capitales de provincia. ¿Pero cómo? ¡En helicóptero! No había otro medio. Un día, dos o incluso tres según el tamaño de la capital de provincia. Yo dirigí el recorrido y un día la llevé hasta donde vivía el padre Pío, haciendo realmente una excepción.

Nos la ofreció el obispo de Fátima, que se convirtió en un gran amigo, monseñor Pereira Venancio, obispo de Leiria de donde depende Fátima.

La estatua dio varias vueltas, una imagen de la Virgen poco más grande de esta que tengo aquí (en la oficina del padre Amorth). No era muy grande y un sacerdote la llevaba en brazos dentro del helicóptero, y entonces los helicópteros eran pequeños, todavía no existían los grandes.

Recuerdo que el mismo monseñor Pereira decía de la Virgen de Fátima: «No os preocupéis de la predicación. Es la Virgen la que predica».

Fue una excursión triunfal de la Virgen. Añado que la aviación italiana, nos cedió los aparatos gratis. No teníamos dinero para todos esos meses, y pintaron el helicóptero dc celeste, azul y azul claro. Los colores de la Virgen. Así que era también bonito ver a la Virgen bajar del cielo. Para mí ha sido la aventura más bonita de mi vida.

En el siglo XIX, bajo León XIII se hizo la consagración del mundo al Sagrado Corazón de Jesús, ya se había decidido y aprobado por el Papa también la consagración de Italia al Corazón Inmaculado de María. No se sabe por qué no se ha actuado. En 1959, en cambio, se hizo realidad. Fue maravilloso, el recuerdo más hermoso de mi vida, sin duda.

En aquella ocasión vi que la Virgen lo dirigía todo, pues encontré todas las puertas abiertas para cualquier iniciativa. Todas las puertas estaban abiertas. Era ella la que lo guiaba todo, la que lo ha querido todo. Y se concretó en muchísimas donaciones que se hacían según íbamos pasando por cada lugar, que se destinaron a la construcción de un santuario que recordara la consagración de Italia al Corazón Inmaculado de María, en Trieste, una ciudad que todos llevábamos en el corazón. Una ciudad que todavía no tenía ningún santuario, ninguna iglesia mariana. Además, estaba en el corazón de todos porque todavía no era seguro si era de Yugoslavia o de Italia. Entonces se decidió, como recuerdo de la consagración de Italia al Corazón Inmaculado de María, la construcción de un santuario en Trieste, dedicado a María santísima.

Evidentemente fui yo también, y volvió para esta ocasión monseñor Venancio Pereira, el obispo de Fátima, de Leiria-Fátima, que trajo de regalo una estatua de la Virgen de Fátima que ahora está en un altar de este santuario; santuario en el que se ha celebrado solemnemente, los 25 años de la consagración al Corazón Inmaculado de María. Para mí ha sido la obra más bonita que yo recuerde de mi vida sacerdotal. La más hermosa.

Todo fue guiado por la Virgen, tenía todas las puertas abiertas. Y en cada lugar, en cada ciudad se renovó la consagración de la diócesis al Corazón Inmaculado de María. Antes se hacía más al Sagrado Corazón de Jesús.

¿Se trata acaso de una disminución? No, porque *per Mariam ad Jesum*, mediante María se llega siempre, infaliblemente, a Jesús. No se le resta nada a Jesús venerando a María, todo lo contrario, se aprende a adorar a Jesús.

Prestad atención, en todas las iglesias marianas, en todos los santuarios marianos, ¿cuál es el centro? Los centros son dos: el altar y el confesonario. La gente acude para confesarse, asistir a misa y acercarse a la comunión. Una conversión. Van a las iglesias marianas para encontrar a Jesús. Esa es la finalidad por la cual se va a las iglesias marianas. También en ese gran santuario que hay ahora en Međugorje, la iglesia es todavía la de la parroquia, pero la habían edificado grande, tanto que comentaban que era demasiado grande para este pueblo; pero se ha quedado pequeña. Las celebraciones no se hacen dentro de la iglesia, sino, detrás, donde hay una gran plaza porque dentro no se cabe. ¿Y qué se hace? Orar y confesarse, asistir a misa, hacer la comunión, es decir, es María la que nos atrae para darnos a Jesús.

Y no hay duda de que el fenómeno más claramente mariano, que nos garantiza la verdad de estas apariciones marianas en Međugorje, son las conversiones. Vamos a María para volver a Jesús. Vamos a María, es

Ella la que nos ha dado a Jesús. Es ella el camino que nos lleva a Jesús. Antes se repetía muy a menudo: *per Mariam ad Jesum*, mediante María se llega a Jesús. No se resta nada a Jesús cuando se acude a María. No, nos pegamos a él porque todo lo que María hace lo hace en orden a Jesús.

Me despido con estos pensamientos y os recomiendo que renovéis, si no lo habéis hecho, personalmente y en familia, la consagración al Corazón Inmaculado de María. Siempre la recomiendo cuando hago los bautismos. Siempre se concluye el bautismo del bebé con la consagración al Corazón Inmaculado de María. Tenemos que estar consagrados todos al Corazón Inmaculado de María para pertenecer enteramente a Jesús, porque ella nos une a Jesús, es el camino para llegar de la manera más total, fiel y constante a Jesús.

¿Para hacer esta consagración será suficiente decir: «María yo me consagro a ti», o hay que decir alguna otra oración?

Es suficiente decir incluso: «María Santísima, me consagro a tu Corazón Inmaculado. Tú nos has dado a Jesús, dámelo siempre a mí también».

Esto también es suficiente, pero que haya la indicación explícita al Corazón Inmaculado de María que nos ha dado a Jesús, por lo cual nos consagramos a tu Corazón Inmaculado para pertenecer enteramente a Jesús.

El Señor os bendiga a todos en el nombre del Padre y del Hijo y del Espíritu Santo. Amén.

Índice

Págs.

Prólogo 7
Introducción 13

I. El papel de María en la historia de la salvación ... 43
El papel de María en las Sagradas Escrituras 43
El papel de María en la enseñanza de la Iglesia 65

II. María ha sido tentada por Satanás 79
María venció las tentaciones de Satanás 86
María nos ayuda a vencer las tentaciones del demonio 91
María nos enseña cómo vencer las tentaciones del demonio 102

III. María, Madre preocupada por nuestra salvación 105
María nos enseña que existe el infierno 105
María nos enseña lo que hay que hacer para evitar el infierno 119
María nos defiende de los ataques del demonio 126

IV. La ayuda de María durante el exorcismo 139

V. Oraciones de liberación por la intercesión de María 165

VI. María, la esperanza de la humanidad en la lucha contra el mal 187

Conclusión 201